AIに書けない
文章を書く

前田安正 Maeda Yasumasa

★——ちくまプリマー新書
485

はじめに

ＡＩが急速に発展して、自ら文章を書く時代ではない、という雰囲気が醸成されているように思います。ものを書くスピード、まとめる能力は、確かにＡＩの方が数倍、数百倍優れています。

僕はいま、ＡＩに対して「文章を書く」とは書かず、「ものを書く」「まとめる」という表現を使いました。それは、ＡＩには「文章を書く」ことができない、と考えているからです。

国語辞典の『大辞林』（ウェブ版）によると、文章は、「書き手の思考や感情がほぼ表現し尽くされている一まとまりの統一ある言語表現」です。つまり、ＡＩには思考や感情がないので、文章は書けないのです。もう一つ注目すべきは、この語釈には「ほぼ表現し尽くされている」と書かれていることです。「表現された」あるいは「表現し尽くされた」とは書かれていないのです。大げさな物言いをすれば、世の中のすべては「ほぼ」で埋め尽くされています。書店のビジネス書コーナーにいけば、文章の書き方、ビジネスマナー、マーケティングなどを始め、さまざまな分野の本が何冊も並んでいます。もし、これらについて表現し尽くされた本があれば、その1冊だけでいいはずです。これほど多くの書籍を必要としません。哲学、経済、文学、芸術、スポーツ……あらゆる分野において、表現し尽くされたものは、ないのです。

AIも「表現し尽くされた」ものを書いているわけではありません。なぜなら、僕たちが書いたものをベースにして、学習しているからです。完璧でないものを真似しても、完璧なものはできません。その意味で、AIは将来、人の思考・感情に近づくことはあってもそれを超えることはないと、僕は考えているのです。もっとも、将来AIがそうしたものを獲得するときには、僕たちは「ヒト」の存在意義について、考えなければならないでしょう。しかし、本書はそこが論点ではありません。現在のAIがものを書く状況を意識しながら、文章のあり方について話を進めていこうと考えています。従って、いわゆる文章作法を目的としたものではありません。

文章を書くには、ある程度の技術が必要となります。これも「ある程度」であって、それで全てが解決できるわけではありません。僕は、新聞社の校閲部門に40年ほど籍を置き、記者の書いた原稿を確認し、自分自身も漢字や日本語などをテーマに、10年ほど毎週1本のコラムを書き、特集記事を担当してきました。文章作法や日本語についての書籍も十数冊、執筆しました。それでも、いや、だからこそ、先に挙げた「文章」の語釈に触れ、文章を書く難しさと同居する楽しさはここにあるのだと得心したのです。

　文章を書くには、文を書かなくてはなりません。その文はことばで構成されています。ところが、ことばほど曖昧《あいまい》なものはありません。わからないことばがあれば、辞書を引きます。辞書はことばの用例を集めて、その最大公約数を語釈としてまとめています。ところが、ことばは辞書の語釈から外れる概念を含めた「感覚」で成り立っています。その感覚は時代によって変化します。

　２００４年にフェイスブック（現Ｍｅｔａ）、２００５年にユーチューブ、２００６年にツイッター（現Ｘ）、ＬＩＮＥは２０１１年に始まりました。これらは、新しいメディアとして成長しています。こうしたＳＮＳが登場し始めた２０００年代初めから、表現の変化とともにことばも変化してきました。それまでインターネットでのやり取りは比較的長文のメールが中心だったものが、短文になったのです。短文のやりとりの中からSNS独特のことばが生まれたり、既存のことばの意味が変化したりし始めました。一方、ことばが薄くそぎ落とされ、厚みが消えたと感じる部分もあります。それでも、僕たちは多くのことをことばで伝えなくてはなりません。そのときに、どうすれば、ことばを相手（読み手）に伝えることができるのか、に考えが及びます。

そこで本書では、曖昧なことばを文にするとはどういうことなのか、その文を文章に組み立てるとはどういうことなのかについて、多少のテクニックも交えて、文章に向き合うことの意味を考えたいと思いました。

ＡＩがものを書く時代だからこそ、「それでも自ら文章を書く」ことについて、わずかな時間を皆さんとともにできれば、幸いです。

目次 ＊ Contents

第一章　**曖昧なことばの感覚**

第二章　**これからの情報とメディアの在り方**

第三章　**5W1Hを捉えなおす**

第四章　**文の構造を理解する**

第七章　なぜ文章を書くのか

第一章　曖昧なことばの感覚

「東」と「西」をどう説明するか

犬が西向きゃ尾は東。

当たり前すぎるほど当たり前のことをいうことわざです。

ところが、ここで使われている「東」と「西」を説明しろと言われると、意外に難しいものです。『日本国語大辞典』（小学館・ジャパンナレッジ）を始め、手元の辞書をいくつか調べてみると、そのほとんどは「東」は「日の出る方向」、「西」は「日の沈む方向」と説明されています。「太陽の昇る方向」「太陽の沈む方向」などとする辞書もありますが、書いている内容は同じです。

この説明に対して、「太陽の昇る方向といっても季節によってずれるじゃないか」という声も当然あります。この声に応えたのかどうかは定かではありませんが『新明解国語辞典　第八版』（三省堂）は「春分の日の朝、太陽の出る方向の称」と説明しています。

春分の太陽は、ほぼ真東から日が出て、ほぼ真西に日が沈みます。そのため、他の時期より太陽の出る方向にブレが少ないということです。

東や西という方角は、太陽を基準に説明されることが多いのです。万葉歌人で三十六歌仙の一人である柿本人麻呂《かきのもとのひとまろ》は『万葉集』のなかで、

ひむがし（東）の野にかぎろひの立つ見えてかへり見すれば月かたぶきぬ

と歌いました。後の文武天皇・軽皇子《かるのみこ》のお供で朝廷の狩り場だった安騎野《あきの》（現・奈良県宇陀市《うだし》）を訪れた際に詠んだものです。太陽が東から昇り始めるころ、西の方向に月が傾いている夜明けの情景です。ここには軽皇子を東の空に昇る太陽に、亡父・草壁皇子《くさかべのみこ》を沈みゆく月に見立て、父は不幸にして世を去ったが、あとを継ぐ息子が立派にこの世を治めていくであろうことを重ねているという解釈があります。

飛雄馬が見た、明け方の太陽と月

「美奈さんは月になった。ならば俺は太陽になろう」

これは、１９６０年代から70年代にかけて発表された野球漫画『巨人の星』（梶原一

騎原作、川崎のぼる画・講談社）のなかの台詞です。初恋の相手・美奈が亡くなって自暴自棄になった主人公・星飛雄馬《ほしひゅうま》が、明け方に見た月と太陽です。

それは、追いつこうにも追いつけない相手を思う切ない台詞として、また飛雄馬復活の兆しを生んだ台詞として当時、話題になりました。万葉の世界が、こんな形で昭和の高度成長期の熱血・スポ根漫画のなかで展開されたのです。人麻呂もびっくりに違いありません。

実は、月も東から昇り西に沈みます。しかし、「東」は「月の出る方向」、「西」は「月の沈む方向」などのように、月の例を出して東・西について説明した辞書は見かけません。それは月には満ち欠けがあり、恒常的な説明とはなりにくい背景があるからかもしれません。

とはいえ、太陽と月の対比と、それが織りなすストーリーは、万葉の時代から現代にいたるまで、僕たちの生活と密接につながっているのです。

「南」と「北」は、「東の左右」で説明される

「南」や「北」は、どう説明されているのかを調べてみます。辞書には、「南」は「太陽の出る方向（東）に向かって右の方角・方向」、北は「太陽の出る方向（東）に向かって左の方角・方向」（『岩波国語辞典 第七版新版』）などと記されています。この説明は東と西の方角の意味がわかったことを前提にして、「右」「左」ということばを使って説明しているのです。

面白いのは、『明鏡国語辞典 第二版』（大修館書店）です。南は「方角の一つで、南極点に向かう方向」、北は「方角の一つで、北極点に向かう方向」という説明を加えたうえで、「東に向かって右」、「東に向かって左」と記されています。

ところが、「右」「左」の説明もそう簡単ではありません。右は「その人が北に向いていれば、東にあたる側」、左は「その人が北に向いていれば、西にあたる側」というのが、大方の辞書の説明です。方角、方向の説明は禅問答のような堂々巡りなのです。

辞書はことばの解釈を示します。しかし、僕たちの生活感覚とかけ離れた説明ではわかりにくくなります。かと言って、その解釈に誤解が生じることは許されません。

漢字に宿るストーリー

視点を変えて、僕たちが使っている漢字を見てみます。ここには受け入れられやすいストーリーがあり、それが本来の姿を曇らせることがあります。

「杳」はヨウと読み、「くらい、はるか」という意味があります。「杲」はコウと読み、「あかるい、あきらか、たかい」という意味です。「杳」と「杲」は、ともに「木」と「日」の組み合わせでできています。「杳」は木の下に日がある状態、つまり日の出前や日没後の暗い様子、「杲」は木の上に日がある状態、つまり太陽が昇って煌々《こうこう》と輝いている様子を表しています。「杳」と「杲」は、「木」と「日」の位置関係を示すことによって、対照的な意味を表していることになります。

「東」という漢字も「木」と「日」の組み合わせでできているように見えます。その位置関係で捉えると、昇りつつある太陽が木の途中に差し掛かった様子を描いたようです。そのため「東は、日が木の中程にある様子から構成される」という解釈が生まれました。西暦100年、中国・後漢時代の学者・許慎《きょしん》がつくったと言われる『説文解字』という字書に官溥《かんぷ》という人物の説として、この解釈が載っています。「木」と「日」というこれ以上、分解できない漢字を組み合わせて新しい意味を持たせた漢字を「会意」と言います。『説文解字』にも「東」は会意とされています。

ところが、漢字の成り立ちを示す字源説としては間違いなのです。実は、「東」は両端を縛った袋の形からできた漢字というのが、現在の定説です。中国では日の出る方向を「トウ」と呼んでいました。これに袋を意味する同音の「東」という漢字を当てたのです。音が同じ字を借りて、それが定着した漢字を「仮借」と言います。

「豆」は、もともと高坏《たかつき》という脚の長い器を表す象形でした。「豆」をじっと見ていると、ソラマメの形のようにも見えてくるのですが、そうではないのです。「マメ」を表す「トウ」という音が、高坏を意味する「豆」と同じだったので、それが代用されたと言われています。これも仮借です。もともと菽《シュク》がマメ類を総称する漢字だったのですが、定着しなかったようです。漢代以降は「豆」がマメ類の総称として使われました。

甲骨文字や金文が発掘・研究され、これが漢字の祖先であることが科学的に立証されたのは、19世紀後半以降のことです。亀甲獣骨文字が使われた殷《いん》代から3000年の歴史を持つ漢字に対して、その研究は200年も経っていないのです。まだまだ漢字の歴史や字源には、謎の部分が多く残されています。

ストーリーへの共感が根拠に

漢字はストーリー性のある文字なので、さまざまな俗説が作り出されます。かつて俳優で歌手の武田鉄矢さんが、学園ドラマのなかで「人という字はヒトとヒトが支え合う姿だ」と話したことがあります。そしてこれが「人」の字源であるかのように、巷《ちまた》に流れました。しかしこれは間違いで、「人」は、ヒトが横を向いて手を下ろした姿を表しているのです。ヒトが正面を向いて手を広げた字が「大」です。

僕たちは、根拠がなくても魅力あるストーリーに惹《ひ》かれることがあります。「そうそう、わかる〜」とそのストーリーへの共感が、そのまま根拠にすり替わってしまうのです。

「東」が、「昇る太陽が木の途中にある様子」というストーリーは、「杳」と「杲」の類推から生まれています。両端を縛った袋の形というよりも、リアリティがあり説得力を持ちます。「人」という字の俗説も同様です。科学的根拠よりも共感するストーリーが優先してしまう一例です。

科学的な視点で真実を知る

ネット上では、こうした共感ストーリーが、テリトリーづくりとして機能する側面が強いように感じます。それは必ずしも好意的なテリトリーを生み出すだけではありません。時に反対の共感ストーリーと結び付き、攻撃的なものとして膨らみ自らのテリトリー以外の人を深く傷つけることにもなります。

円（○）と二等辺三角形（△）は、異なる図形です。しかし、この異なる二つの図形は、同じ図形を表したものだ、という見方もできます。それは円錐《えんすい》形です。垂直方向から見れば円（○）、水平方向から見れば二等辺三角形（△）です。同じ図形であっても、見る方向によって見え方が変わるということです。それは、見ている方向によってしか、物事を理解できないということでもあるのです。

地球球体説や地動説などは、古代の世界では理解し得ない話でした。まっすぐ立っている場所がなぜ球体なのか、球体であるのなら下側にいる人は地球から落ちるではないか。太陽も星も動いているのをみんなが目にしているのに、地球が動いているというのは、どういうことなのか。これらを理解するには、科学的な知識を受け入れる能力が必要なのです。と同時に、視点を移す思考の柔軟性も併せ持たなくてはなりません。

経験としてのストーリー

僕たちが経験する全ては、現実に即したストーリーがあります。そのストーリー自体は、僕たちが生きていくうえで、とても大切な情緒の一つとして育まれます。

しかし、現実として経験しづらい真実は、理解する以前に、感情・感覚として受け入れることが難しいのです。地球球体説や地動説が受け入れられないのは、経験する現実を感情や感覚で捉えていたからです。

例えば、「1＝0・99999…」は、正しいか、という問題について考えていきます。「0・99999…」は循環小数と言います。小数点以下の「9」が無限に繰り返されるのです。これが「1」と同じだと思いますか？　ちょっと解いてみます。

1／3＝0・33333…

この両辺を3倍します。すると、

1＝0・99999…

となります。数学的には若干、無理のある証明なのですが「1＝0・99999…」は、成立するということです。

なんだかキツネにつままれたようで、納得がいかないという人もいるでしょう。「0・99999…」は無限なのだから、限りなく1に近づくが決して「1」にはならない。

これは、納得のいかない人の考え方の一つだと思います。「1／3＝0・33333…」は理解できるのに、「1＝0・99999…」は理解するのは難しい。この考え方こそが経験としてのストーリーなのです。あえて文学的と言い換えてもいいかもしれません。僕個人としては、こうしたストーリーも大切にしたいとは思うのですが、正確に物事を伝えようとするときには、やはり根拠となるものに目をつぶってはならないと思うのです。

自分が二等辺三角形（△）だと思ったものを、ある人は円（〇）だと言う。果たして、どちらが本当だろうかと確認します。すると、二等辺三角形（△）も円（〇）も、それぞれ一側面しか表しておらず、その実態は円錐形だったということもあるのです。

共感ストーリーがもたらすテリトリーを少し俯瞰《ふかん》して見る能力を養うことは、文章を書いたり読んだりするときだけでなく、コミュニケーション全般に必要だと思うのです。

僕たちが目にしているものの実態は、目に見えていないところにあるかもしれません。目に見えていないものが「ない」わけではありません。昼間、東海道新幹線の車窓から見えていた富士山も、夜には見えません。だからと言って、富士山の存在が消えたわけではありません。あるけれども見えない。見ているはずなのに見えていない。関心のないものは見えない。ここでいう「見える」は、単に視覚を指すものではありません。思考の方法、あるいは表現の在り方を指しています。視点を変えることによって、曖昧なことばに宿るストーリーを批判的に見ることができます。それによって、思考の違いを理解する能力を育てていく重要性を感じるのです。

「やま」が出会った「山」という漢字

もともと、僕たちが使っていることば自体が、曖昧な要素を含んでいます。例えば「山」と言われても、人それぞれに描く像は異なるはずです。ある人は富士山を思い浮かべるかもしれない。またある人は磐梯山《ばんだいさん》かもしれないし、炭鉱町で育った人はぼた山を思うかもしれない。そもそも、中国で生まれた漢字の「山（サン）」は、日本の「やま」とは山容が大きく異なります。中国の「山」は、山水画などで見るような、切り立った岩山のイメージです。「やま」という日本語と、中国の「山」という漢字に共通する概念は、「周りの土地より著しく高くなった場所」（大辞林・ウェブ版）にほかなりません。

イギリスの映画『ウェールズの山』（クリストファー・マンガー監督、1995年）は、丘と山を巡る映画です。

ウェールズのとある村に、軍から派遣された測量技師がやってきます。その村には「山」があって、村人が昔から誇りに思っていました。ところが、測量すると標高299メートルの丘という判断がくだされました。当時、305メートル以上でないと山とは認定されなかったのです。村人は何としても「山」に認定させたいと、あの手この手で測量技師の滞在を長引かせ、その間にバケツに土を入れてせっせと頂上に運びます。そして再測量させて、306メートルの山に認定させた、という物語です。測量技師と地元女性との恋愛も絡みます。描かれる人間群像もハートウォーミングで、好きな映画の一つです。

この映画では、「丘」と「山」とが標高で明確に区別されています。現在、イギリスでは山を標高600メートル以上の高地などと定めているようです。一方、日本には山と丘の区別がなく、国土地理院は双方を定義していません。日本では山は「周りの土地より著しく高くなった場所」でしかありません。そのため、日本では成立しない映画でもあるのです。

「丘」は、「周囲より小高いところ。普通山より低く、傾斜のゆるやかなところをいう」

（大辞林・ウェブ版）という解釈はありますが、標高などを明確にしているわけではありません。「丘」と「岡」の使い分けも判然としません。常用漢字表では、「岡」は「岡山」「福岡」などの地名に限り認めていますが、漢字の持つ意味で使い分けているわけではありません。

曖昧な「ことば」とどう付き合うか

方角の定義にしても、「山」を巡る様々な解釈にしても、何となく了解された概念をもとに理解されているに過ぎません。ですから、こうしたことばを使って文章を書けば、書き手と読み手の間で、当然のように解釈のズレが生じます。

日本地形学連合という学会があります。連合という名にしているのは、地形学、地質学、年代学、地球科学、河川工学、土壌学、海洋・海岸工学、火山学、土木工学、自然環境・災害学、惑星科学など、地形に携わるさまざまな分野で構成されているからです。その学会が2017年に『地形の辞典』（朝倉書店）を出版しました。その発表の会合で辞書について講演をしたときに、『地形の辞典』をつくるきっかけが、各分野で使われている地形学の用語の解釈に齟齬《そご》があったからだという話を聞きました。そのため、各分野で使われている用語の解釈を統一するのではなく、網羅して違いも含め分野の異なる研究者の理解を深めるのが目的だったと言います。

専門が異なると用語の解釈も変わってくるのです。ことばは、固定された一つの解釈や概念のうえに成り立っているものではないのです。

インターネット時代のことば

そしていまは、インターネットで結ばれる社会です。ＳＮＳ（ソーシャル・ネットワーキング・システム）の普及は、それまでの文章としてのメールとは異なる機能を生みました。それがチャットです。チャットは「おしゃべり」という意味で、短いことばでのやり取りです。

これより以前に、女子高校生（ＪＫ）が中心になって、そのコミュニティーだけで通用するＪＫ語が生まれ、一つの若者文化として定着していました。それは短縮や感覚的表現が特徴のことばです。これがチャットとの相性がよかったのか、ＳＮＳの普及で一気に拡散するようになり、ＪＫ以外の人たちもいま風のことばとして使うようになってきました。それは次第に、話しことば以上書きことば未満の「チャットことば」とも言える新しいことばの概念を生み出しました。

さらに、コロナ禍でのオンラインコミュニケーションは、手軽に話ができるチャットツールが中心になりました。ＳＮＳを中心に使われていたチャットが、企業内のやり取りに使われるようになりました。おしゃべりの道具が仕事に使われるようになったのです。会社でも「チャットことば」という新しい形でのコミュニティーがつくられました。ここで使われることばは、マーケティング用語をカタカナ語で交ぜたものが多く、日本語としての意味が未消化なまま量産され、そのグループや組織、同業の仲間の中で流通しています。

そのため、ことばはあふれる一方で、グループ、組織内の仲間内のことばとして内向きの閉じたコミュニケーションの道具となっています。仲間内だけで通用することばは、組織や仲間以外の開かれたコミュニケーションの中では流通しにくくなり、結果としてことばがどんどん収縮しているのです。

2024年11月に亡くなった詩人の谷川俊太郎は生前、昨今のことばについて「量は増えているが、質が薄っぺらになっている」という趣旨のことを話していました。

「文章」は人にしか書けない

一方で「言語化」ということばが、盛んに言われるようになっています。これもまた、曖昧なことばです。「あなたは何者ですか」と問われたときに、「私は〇〇会社で営業部長をしている者です」という答えは、言語を使って説明しています。しかしこれを「言語化」だと言う人はいないはずです。なぜなら、それは単なる社会的なポジションを伝えているだけだからです。「あなたの存在を表すことば」になっていないのです。

さらに、ChatGPTなどの生成AIが人に代わってものを書く時代に入りました。この先、生成AIはますます進化していきます。ものを書くという行為が人から奪われていくかもしれません。

ところが、生成AIが書くものは「文章」ではありません。文章は「書き手の思考や感情がほぼ表現し尽くされたもの」（大辞林・ウェブ版）を言います。生成AIが、あなたの思考や感情を表現することはできないからです。それを抜きにして「あなたの存在を表すことば」を紡ぐことはできません。生成ＡＩがあなた個人の思考や感情に立ち入ることはできないのです。

生成ＡＩが書けるものは、すでにネット上にある情報のまとめや、確定したデータを読み込んで整える「文書」です。実態があるものを読み込んで整えることについて、卓越した能力を発揮する道具なのです。今後、生成ＡＩがどういう進化を遂げるのかはわかりません。しかし、いまの段階では「文章」は人にしか書けないのです。

ここまで見てきたように、ことばは、とても曖昧であると同時に、その時代の影響を大きく受けます。日本語は感覚的で曖昧な言語だということもできます。一方で、感覚に訴えることができるオノマトペや比喩表現が豊かな言語でもあります。

現代は、テクノロジーの発達によって、ことばを取り巻く状況はとても複雑に「進化」しています。僕たちは、ことばの曖昧さを理解したうえで、ことばを使って表現しなくてはなりません。ことばが収縮すると、表現力のみならず文化が衰弱していきます。文章が書けないのは、文章の書き方とその意義を学んでいないからです。

子どものころ、ケーキ屋さんのショーケースにあったイチゴのショートケーキが、とても大きく魅力的に思えたはずです。それはケーキの入ったショーケースを下から眺めていたからかもしれません。ショートケーキは手の届かない山の上にあったのです。大人になるにつれて同じケーキが平凡に見えるのは、背も高くなり、経験を積み知識も得て、味も形もわかっているつもりになって、子どもの頃の視点を忘れてしまっているからです。

大人になっても、手の届かない山の上に宝物があるはずなのに、それを経験や知識でわかったような気になってしまいます。それは、感性の摩滅につながり、無感動と無関心を醸成してしまいます。それでは言語能力も表現力も育ちません。曖昧であること、もやもやしていることを楽しんで、山の上に何があるのかを探し続けることが、文章を書く重要な役割だと考えます。

とはいえ、曖昧であること、もやもやしていることを楽しむというのは、そう簡単ではありません。曖昧、もやもやをそのまま文章にしても、読み手には伝わらないからです。そこで、僕たちは「論理的な文章」を目指します。ところが論理的であろうとすると、小難しい言い回しや収まりのいい文章にしてしまいがちです。小難しい言い回しは総じて、概念的で抽象度の高いことばです。もともと曖昧なことばは、より現実味が薄くなり、書き手と読み手の距離を広げてしまいます。

収まりはいいけれど総じて概念的で内容の薄い文章であれば、生成ＡＩの「文書」が代わりを果たしてくれます。多少粗くても、読み手が理解し共感できる「文章」を書くべきだ、というのが持論です。筆者の熱い思いで書かれた文章に押されて、気がついた時には読み手は違う地平にたどり着いていた、という驚きのある文章が書けるようになりたい、というのが僕の願いでもあります。

そうであれば、こうした曖昧なことばに宿る感覚から少し離れ、ことばを「情報」に変えることによって、読み手にわかりやすく伝わりやすい文章を組み立てられるのではないか、と考えています。

第二章からは、曖昧なことばをどうやって「情報」に変え「文章」に組み立てていくのか、そして、生成ＡＩ時代に文章を書く意義はどこにあるのかを探っていこうと思います。

第二章　これからの情報とメディアの在り方

チャットことばとコミュニケーション

ＳＮＳを中心に、自分の考えを発信することがごく当たり前の時代になってきました。しかし、ＬＩＮＥやフェイスブック、Ｘ（旧ツイッター）などを、メディアだと思って使っている人は、そう多くないはずです。

ＬＩＮＥのトーク機能は、お互いが知り合いであったり一つのコミュニティーを形成している仲間で運用されています。フェイスブックは、「友達」と「公開」などを選択する機能が付いています。Ｘは、非公開にしない限り、基本的に誰もが読むことのできるオープンなメディアです。そのため、炎上騒ぎが起こるのは主にＸにおいてです。多くの場合、それを巨大なメディアだと意識していないことに原因があるからです。

ＬＩＮＥやフェイスブックの一部が、知り合いや仲間同士の「閉じられたコミュニティー」であるのに対し、Ｘは基本的にまったく面識のない人ともやり取りのできる「開かれたコミュニティー」を形成していると言えます。こうしたプラットフォームでのやり取りは基本的に、「チャット」という文字を通してのおしゃべりです。おしゃべりや会話は、もともと閉じられたコミュニケーション手段です。

オープンなコミュニティーの中で、おしゃべりという閉じられたコミュニケーション手段を使うことに、そもそも矛盾があるのです。しかも、チャットは独特の文化を生んでいます。

たとえば、「ぱねえ」は、「半端ではない」の省略形「はんぱない」がさらにつづまった形で、程度を強調する意味合いがあります。「とても面白い」という意味で使われますが、「まったく受けていない」という逆の意味になったりもします。「それな」は「まさに」「そうだね」という、あいづちにも似た表現です。

「草」は、「笑」のローマ字表記「ｗａｒａｉ」から「笑」を「ｗ」と表記し、さらにそれを重ねた「ｗｗ」がネット上で使われるようになりました。その形が「草」に見えるからという何とも遠回りした表現です。こんな具合に、ことばを解説することが恥ずかしくなるくらい感覚的な表現です。

これらが、すべてＳＮＳの中から生まれた表現だとは言えないにしても、若者を中心とした仲間うちで使われることばの省略は、それまでの話しことばとも異なる「チャットことば」として、形づくられたことは確かです。

こうした仲間うちで使われる「チャットことば」は、はなから第三者を意識していません。それがＸなどで使われるのは自然な流れかもしれませんが、オープンな巨大メディアで使われることによる矛盾もはらんでいます。「チャットことば」は概して直感的・感覚的です。そのため、読み手の情動に大きく影響を与え、思考の助けになるというより、好き・嫌いという二者択一の感覚で受け止めがちです。それが、過激なことばとなって増幅する作用があります。

大学の講座で学生に文章を書いてもらうと、直感的・感覚的なことばを使うことに慣れているためか、第三者に伝えるべきことばが、チャットことばに近い感覚になっている場合が増えています。

新聞や雑誌などが、チャットことばや話しことばではなく、書きことばを基本としているのは、客観的に第三者に伝わることを前提としているからです。もちろん、ラジオやテレビでもバラエティーを除いた番組、特にニュースでは、書きことばを基本とした話しことばを使っています。

第三者に伝わるようにするには、単に書きことばを使えばいいのではなく、それによって、「閉じられたコミュニケーション」から「開かれたコミュニケーション」手段として、過不足のない文や文章にすることが重要なのです。

文や文章の基になるのが「ことば」です。ここでいう「ことば」は、単語・語彙のことではありません。感情や思想が、音声または文字によって表現されたものを言います。それは、その社会に共通した認識のもとで意味を持つものでなくてはなりません。そのためには、ことばを情報に変えていくべきなのです。それはなぜなのかを説明するまえに、「情報」について、考えていきます。

ヒト・モノ・コトを変化させる記号としての「情報」

僕たちは「情報」ということばを、頻繁に使っていますが、それがどういうものなのかをあまり意識していません。改めて情報について、整理していきたいと思います。

情報は、「ヒト・モノ・コトを変化させる記号、またはその集合体」として捉えるとわかりやすいと思います。

「ヒト」は文字通りわれわれ人間です。情報は、人の意識・判断・行動に影響を与え、変化を促します。生体系の情報＝遺伝子もここに含まれると考えていいと思います。たとえば、気象予報で台風の強さ、今後の進路などが伝えられると、飲料・食料の備蓄をはじめたり、早めに避難したりするなど行動を変化させます。人の判断・行動を変化させる根拠となります。

「モノ」は社会に存在する多様な道具で、システムや構造、それを構成する要素を指します。1995年のWindows95の発売をきっかけに、社会の構造は大きく変わりました。コンピューターが身近になりました。僕がワープロからパソコンに切り替えたのは、1998年です。勤めていた新聞社でも紙と鉛筆の時代から、パソコンで原稿を書くようになり、校閲部門では手書きの原稿と印刷されたゲラの照合作業はなくなりました。その代わり、書籍資料やネット上の情報などを使って原稿の整合性を確認するファクトチェックに重きが置かれるようになりました。

また、2020年からの「新型コロナ」の広がりによって、オンラインのプラットフォームがあっという間に普及し、システムに変化が起きました。在宅勤務が増え、地方への移住も進むなど、私たちの生活様式にも動きが出ました。システムの変化が社会の変化をもたらし、また社会の変化によってシステムも変化するのです。

「コト」は、人間の生活様式から生まれた伝統や文化、教育の類いです。教育を例にとれば、第二次大戦後、それまでの天皇を中心とした専制主義の教育から民主主義教育へと、百八十度変わりました。そしていまは、お金や英語を重視したプログラムも取り入れられるようになりました。時代を反映した教育は、子どものみならず大人の意識も変化させてきました。

伝統芸能の歌舞伎も、時代によって演目の解釈も変わってきていますし、新作歌舞伎も取り入れられています。伝統の型を踏襲しつつ時代に向き合った舞台をつくっています。

人間は情報を求める生き物だ

こうした情報は、生まれたばかりの赤ちゃんも利用しています。お腹が空いたときや、おむつを取り替えてほしいときに、赤ちゃんは泣いて知らせます。それを聞いた親はノンバーバル（非言語）である泣き声を、ことばに変換して理解しようとします。つまり、赤ちゃんは泣き声で情報を伝えているのです。

ノンバーバルな情報は、スポーツなどでもアイコンタクトなどといった形で使われます。選手同士が、プレーのなかで何をするのか、それに対してどう動くのか、を瞬時に理解するサインです。これが成立するのは、それまでの練習や経験が、選手同士の肉体に直接働きかけることばとして理解されているからです。手話も一つの言語表現としてのことばを持っています。

僕たちは、情報を積極的に求める種類の生き物だと言えます。

ネットがまだ社会に出現していなかった頃は、本が大きな情報源でした。僕自身も、青春時代に抱えた得も言われぬ憤りの解決策を求めて、ひたすら本を読んでいました。それが直接、答えを提示してくれたわけではないにしても、意識や判断、行動への小さな変化の芽を育んでくれたことは確かです。

ネット社会になって、僕たちはほぼ強制的に流れてくる情報から逃れることは不可能になりました。それほど、情報というものに包まれて生活しているのです。ただ、それが意識・判断・行動に変化を与え得るものなのかどうかは、はなはだ疑問に思うのです。

情報を発信する手段としてのメディア

情報はメディアを通して伝えられます。先にメディアについて少し触れましたが、ここでもう少し、メディアについて考えていきます。

メディアというと、少し前までは新聞・ラジオ・テレビなどが代表的な存在でした。それはマスコミと呼ばれ、メディアと発信者が同一の組織にいるという特徴があります。しかも、基本的にメディア側から受信者側へ一方向に情報が流れる仕組みです。

いまは、フェイスブックやX、ユーチューブ、インスタグラムなどのSNSでは、テキストだけでなく映像・音楽もこうしたプラットフォームを使って、自由に発信できる時代です。それぞれ、個人で発信できるという特徴があります。そして、発信者と受信者は双方向で情報のやり取りができます。

さらに言うと、多くの人はＳＮＳがメディアであるという意識を持たないまま、ノートにペンでメモするような手軽さで利用しています。ましてや、これらが巨大メディアであるという意識を持ちません。ここに、炎上などの問題が含まれているのです。

しかし、こうした時代の流れに逆らうことはできません。むしろ僕は、これからの時代は「自らがメディアになるべきだ」と思っています。そのために、メディアをどう位置づけ、情報をどう扱うかは、とても大きな課題になります。

活版印刷と情報改革

メディアという存在ができるまでは、もともと、情報のやり取りは話しことばによる1対1のパーソナルコミュニケーションが基本でした。せいぜい40人程度の、声の届く範囲の少数に向けて発信されたものです。情報は、いわゆる口コミで広がったのです。ところが話しことばは保存できません。伝言ゲームのように、ことばは人から人に伝えられるにつれて、全く違う内容になることもあります。大勢の人に情報を均質に伝えることは、至難の業なのです。

文字が生まれたときも、それを大量に配布することはできませんでした。中国などでは、竹簡や木簡を使って文字を残しましたが、それを移動させることは、そう簡単ではありません。やがて文字と紙・筆記用具を持つことによって、次第に情報を持ち出せるようになりました。とはいえ、複写は手書きに頼るほかありません。また、情報を大量生産することは難しく、正確性にも問題がありました。

こうした問題を解決したのが、活版印刷です。1517年の宗教改革を支えた要因でもあると言われています。それまで、ラテン語で書かれた聖書は手で引き写したもので、宗教関係者やごく一部の知識人にしか読むことができない特別のものだったのです。それをドイツの神学者マルティン・ルターが、ドイツ語に翻訳し印刷することによって、聖書を一般市民に普及させることができたという話は、世界史などで習いました。聖書が印刷メディアとなったのです。つまり、宗教改革は情報改革でもあったのです。

ここでようやく、均質の内容を大量に拡散できるようになりました。そして、科学技術の発達とともに、私たちは長らく新聞・ラジオ・テレビというメディアを通して情報を享受するようになりました。

メディアを担う媒体の変化

メディア（media）は、「中間の」「中位の」という意味の英語「medium」の複数形です。メディアは、発信側と受信側の間にあるもの、つまり媒体・手段・方法という意味です。

メディアには、

①情報を集めること
②情報を発信すること
③情報を保存・蓄積すること

という主に三つの役割があります。メディアによって、同時多数に同じ内容の情報を均一に届けることができるようになったのです。これまでは特に新聞・ラジオ・テレビなどがその役割を担っていました。

新聞は印刷、ラジオは音声、テレビは動画と音声を通して情報を伝えたのです。広告や商品そのものがメディアとなるケースも出てきました。いずれにせよそれは、情報を発信する側（A）から受け取る側（B）に向けての流れでした。つまり、メディアは一方向の情報を載せる記号の乗り物として機能してきました。ラジオは、はがきを通して一部、双方向としての役割も担いましたが、電波とはがきという別媒体を通してのやり取りです。

ところが、インターネットが社会インフラとなるまでに普及すると、SNSがメディアとしての働きを担うようになりました。それまで情報を発信する機能は、メディアを運営する企業が独占していたのに対して、SNS上では、そのプラットフォームを個人が自由に利用して発信することができるようになりました。それによって、情報がAからBへの流れとともに、フィードバックという形でBからAへの、双方向の流れが生まれたのです。これによって、発信者が反論を含めた意見の直接的な受信者ともなったのです。

個人がメディアとなるときに求められるもの

メディアの在り方が大きく変わったいま、それをうまく利用して個人の発信力を高めることがとても重要になってきます。僕は「自らがメディアになって、自らをプレゼンすること」は、これからの社会にとって、とても重要なテーマになると考えています。世界はネットで瞬時につながる時代です。真のボーダレス社会を実現するためにも、発信力を高めることは重要です。そのためにも、自らが発信する「ことば」について、しっかり責任を取る必要があると思っています。

そして、その「ことば」が人の意識・行動・判断を変化させる「情報」となっていなくてはなりません。そのためにも、情報の正確さや客観性、人権への配慮などを確認・検証する力を養う事が今まで以上に重要になります。

個人がメディアとなるときに、何を根拠にそれが正しい情報と言えるのかという客観的な検証をどう担保するのかということが、大きな課題となっているのです。暴力的なことばによって、人の命を奪うこともあります。

これは個人だけではなく、一般の企業においてもXでの発言が元で、企画を終わらせなくてはならなかったり、そのアカウントを閉じたりする問題にも発展しています。それが、企業イメージも大きく損ねることにもつながる時代です。発信することが自由に、かつ身近になったメリットを得た代わりに、それを受信する側の心情や立場などに、今まで以上の配慮が必要になっています。

これまでは、企業という組織のなかに「個」が埋もれていました。しかし、自らが発信する力を養えれば、粒立った「個」の集まりが組織をつくる方向にシフトしていくはずです。組織も生き残り戦略としてセレンディピティ（新しいものを発見する能力）を求める時代にきています。パラレルワーク（副業）も進むでしょう。そのときに、自らの意見・考えをしっかり伝えて周りを巻き込んでいくことは有効な手段となります。

第三章　5W1Hを捉えなおす

文と文章の定義

ことばは解釈に揺れがあります。それを使う人によっても感覚が異なります。ことばはそれほど頼りなく曖昧な存在です。それでも、僕たちはことばを頼りに自らの考えを伝えなくてはなりません。そのために、ことばを「情報」に変えて、読み手を動かす手立てを得ようというのが、ここまでの話です。

ここからは、ことばをどうやって情報に変えることができるのか、について考えていきます。閉じられたコミュニケーションから、開かれたコミュニケーション手段として簡潔な文を書き、それを過不足ない文章に組み立てることを目指そうと思います。

ここで、一つ確認しておきたいことがあります。それは、文と文章を分けて考えるということです。一般的には文も文章も同じ意味で使われ、その定義も曖昧です。文と文章をそれほど厳密に捉える必要はないのかもしれません。しかし、ここでは便宜上、文と文章を分けて話したいと思います。
文についてすべてを説明できる十全な定義はないと言われていますが、大まかな解釈を記しておきます。

文　：文法学上の基本単位。ひとつのまとまった内容を表す。末尾に「だ」「ます」などの活用語の終止形や「ね」「かしら」などの終助詞がつく。一般的に書きことばでは句点「。」などで終わる。
文章：一つ以上の文が連なった言語作品。
（『日本大百科全書』などを参照）

つまり文は文章を書くうえでの最小単位とも言えます。また、ここでいう言語作品は必ずしも文芸作品というわけではなく、まとまった内容が綴《つづ》られたものと理解すればいいと思います。
文と文章を分けて考えることには理由があります。文章は、文が寄り集まってできたものだからです。「文章の書き方」に類する本を見ると、「文は短く」とか「文章は短く」などの表現が統一されずに記されている場合があります。実は、ここを明確にしておかないと、文の書き方も文章の組み立て方も曖昧になってしまうのです。僕は、「文は書く」「文章は組み立てる」ものだと考えています。そのため、文と文章を分けて説明していきます。

5W1Hでは文章はつくれない⁉

「5W1H」ということばを聞いたことがあると思います。しかし、実際にこれをどう使っていけばいいのかは、意外なほど知られていません。ここでは、これを使ってことばを情報に変えていく方法を考えていきます。

「5W1Hは、文章を書くときの要素だ」などとよく言われます。この中の「H」は「HOW＝どのように」です。僕は6つの要素のうち、5Wがより重要だと考えています。ところが、大学の講座や企業研修などで「5W1H」の「5W」を尋ねると、「いつ、どこで、誰が、何を、どうした」と答える人が一定程度いるのです。「いつ、どこ

で、誰が、何を、どうした」は、

・いつ＝WHEN
・どこで＝WHERE
・誰が＝WHO
・何を＝WHAT
・どうした＝DO／DID

となります。これは文の並び順ではなく、文を構成する要素です。ここで示された要素は、4W1Dということになります。Wが一つ足りません。しかし、「いつ、どこで、誰が、何を、どうした」を使って簡単な文をつくる「いつどこゲーム」という遊びがあるように、文をつくる要素として定着したものでもあります。

次の例を見てください。

【例1】
きのう僕は動物園でライオンを見ました。

この要素を見てみると、

・きのう＝いつ：ＷＨＥＮ
・僕は＝誰が（は）：ＷＨＯ
・動物園で＝どこで：ＷＨＥＲＥ
・ライオンを＝何を：ＷＨＡＴ
・見ました＝どうした：ＤＯ／ＤＩＤ

４Ｗ１Ｄを使うと、子どもっぽいけれど、取り敢えず簡単な文が書けてしまうのです。「いつ、どこで、誰が、何を、どうした」は、いつの間にか馴染みのある文のパターンとして記憶されているのです。そして、これを５Ｗ１Ｈの５Ｗだと勘違いしているのです。

これは、子どもの文の特徴だというわけではありません。かつてカルチャーセンターで大人を対象にしたエッセイ教室を開いたことがあります。そこでも、

【例2】
先週、古くからの友人3人とイチョウの黄葉を見に都内を回ってきました。神宮外苑《がいえん》のイチョウ並木は、まだ葉が青く色づいていませんでした。本郷の東大正門から安田講堂まで続くイチョウ並木も、黄葉はいまひとつでした。帰りに東京駅の丸の内側に出たら、皇居へつづく行《ぎょう》幸《こう》通りに黄葉したイチョウ並木を見ることができました。とても有意義な一日でした。

といった類いの文章をよく見かけました。多少、描写が詳しくなっていますが、基本的に4W1Dのパターンです。神宮外苑、東大正門、行幸通りを巡ったイチョウの黄葉具合を時系列に並べて書いているだけです。

ところが、ここには情景だけが書かれていて、黄葉を見てどう思ったのか、という心

の動きが描けていません。大人が書く８００字の文章であったとしても、子どもと同様の書き方になっていることが多いのです。そして、ここから先の展開に困って「いい一日でした」とか「よかったです」「楽しかったです」というように、漠然とした感想を結びのことばにするのです。例２では、「とても有意義な一日でした」で締めています。これが４Ｗ１Ｄでできた文の特徴とも言えます。

改めて、５Ｗ１Ｈの５Ｗを確認します。

・いつ＝ＷＨＥＮ
・どこで＝ＷＨＥＲＥ
・誰が＝ＷＨＯ
・何を＝ＷＨＡＴ
・なぜ＝ＷＨＹ

４Ｗ１Ｄに欠けていた「Ｗ」は「ＷＨＹ」だったのです。これが一番重要な要素となります。

５Ｗ１Ｈの出典について、ジャーナリストの扇谷正造が『増補改訂版 現代ジャーナリズム入門』（角川文庫）のなかで、次のように記しています。「キップリングの詩の中に「私は六人の賢い奉仕者を持っている。それは５Ｗ１Ｈである」というのがある。原典はそれである」。

「キップリングの詩」とは、英国のノーベル文学賞作家ラドヤード・キプリング（１８６５〜１９３６）の著作『Just So Stories for Little Children』の中にある「The Elephant's Child」を指しています。

邦訳された『ゾウの鼻が長いわけ――キプリングのなぜなぜ話』（藤松玲子訳・岩波少年文庫）の中にある「ゾウの鼻が長いわけ」という詩のなかに、賢い６人が出てきます。

ぼくにつかえる　六人の　しっかり者の　召し使い
（知りたいことは　なんでも教えてくれる）

六人の名は「なに」さん、「なぜ」さん、「いつ」さんに、
「どうやって」さんと、「どこ」さん、「だれ」さん
ぼくは　召し使いを　つかわします、山のむこうに　海のむこうに
ぼくは　召し使いを　つかわします、東の国へ　西の国へ
そして　仕事がおわったあとは
ちゃんと休ませてあげます

（後略）

ここに出てくる召し使いの「なに」さん、「なぜ」さん、「いつ」さん、「どうやって」さん、「どこ」さん、「だれ」さんが5W1Hだというのです。

5W1Hについて、扇谷正造は「一つの出来事について、無数の事実の断片が集められるが、それは、大雑把にいって、5W1Hに要約される。（中略）これはある学者によるとニュースの文法ということになる」とし、5W1Hをニュース原稿の基本要素としたのです。しかし、5W1Hにはどうした（DO）の要素がありません。例えば、

2日午後3時ごろ、神奈川県A町のキャンプ場で、バーベキューをしていたグループから119番通報があった。20代の男性3人が手や顔にやけどを負い、救急搬送された。うち1人は1カ月の重症、残り2人はいずれも軽症だった。

調べによると、バーベキューのコンロに食用油がまわり、火を消そうとした際にダウンコートに火が移り、やけどを負ったとみられる。

というニュース記事を模した文章を例に要素を書き出してみます。

・いつ＝WHEN：2日午後3時ごろ
・どこで＝WHERE：神奈川県A町のキャンプ場
・誰が＝WHO：20代の男性3人
・何を＝WHAT：バーベキューをして
・どうした＝DO：やけどを負い、救急搬送された

・なぜ＝ＷＨＹ：火を消そうとした
・どのように＝ＨＯＷ：ダウンコートに火が移った

「やけどを負い、救急搬送された」という「どうした＝ＤＯ」の要素がないと文章が成立しません。実は、５Ｗ１Ｈだけで文章はつくれないのです。５Ｗ１Ｈは、「どうした＝ＤＯ」を詳しく説明するための補強要素と考えるべきです。

４Ｗ１ＤにＷＨＹを問いかける

ここまで、４Ｗ１Ｄと５Ｗ１Ｈについて、話をしてきました。４Ｗ１Ｄには「ＷＨＹ＝なぜ」の要素が、５Ｗ１Ｈには「どうした＝ＤＯ」の要素がないことがわかりました。それならば、４Ｗ１Ｄの文に５Ｗ１Ｈの「ＷＨＹ＝なぜ」を掛けていけば、相互に補完できるはずです。そこで、例１で取り上げた４Ｗ１Ｄの文に、「なぜ＝ＷＨＹ」を問いかけていく手法で、文章を組み立てていきます。

1．きのう僕は動物園でライオンを見ました。

これに、「なぜ動物園に行ったのか」というＷＨＹ＝理由を問いかけます。すると、

2．きのう僕は**学校の遠足で**動物園に**行きました。真っ先に**ライオンを見ました。

2では、文が二つの要素に分けられました。1文目は、学校の遠足で動物園に行った理由が示されました。それによって、2文目を「ライオンを見ました」とするだけで終われないため、「見ました」を修飾する副詞「真っ先に」が加わりました。

1を「きのう僕は動物園で真っ先にライオンを見ました」とすると、場所を表す「動物園で」と、時間を表す「真っ先に」が、「見た」という述語を同時に修飾するので、複雑になります。

2では「学校の遠足で動物園に行ったこと」と「真っ先にライオンを見たこと」の二つの文に分割されたため、それぞれの述語に対応する修飾語がシンプルにわかりやすく

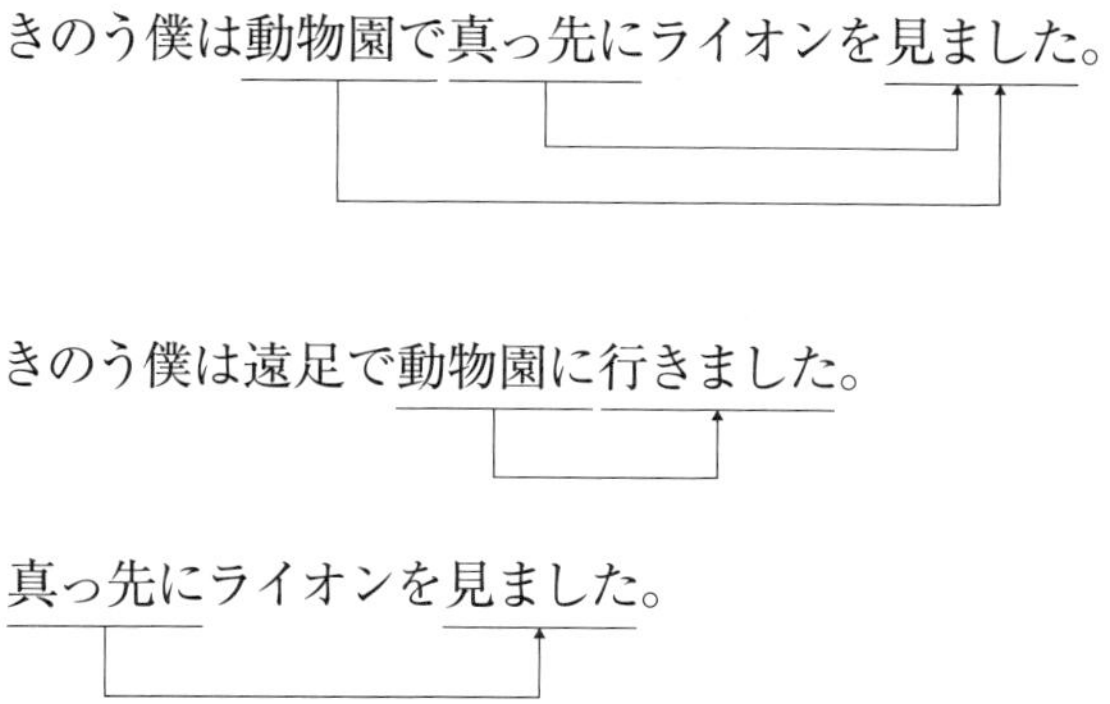

なります。

次に「なぜライオンを見たのか」というＷＨＹを問いかけます。すると、

3．きのう僕は学校の遠足で動物園に行きました。真っ先にライオンを見ました。**『ジャングル大帝』という本が好きだったからです。**

という記述が加わり、本の影響があったことが記されました。すると、「どうして『ジャングル大帝』という本が好きなのだろう」という疑問が出てきます。その疑問に対してＷＨＹを問いかけます。

4．きのう僕は学校の遠足で動物園に行きました。真っ先にライオンを見ました。『ジャングル大帝』という本が好きだったからです。**それは6歳の誕生日に父からプレゼントされたものです。**

『ジャングル大帝』は、6歳の誕生日にプレゼントされたことがきっかけで好きになったことがわかりました。重ねて「本を読んで、なぜライオンが好きになったのか」を聞きます。

5．きのう僕は学校の遠足で動物園に行きました。真っ先にライオンを見ました。『ジャングル大帝』という本が好きだったからです。それは6歳の誕生日に父からプレゼントされたものです。**真っ白いライオンのレオが、仲間たちと協力して生きていく姿に感動したからです。**

ここで、本に出てくるレオという白いライオンの生き方に感動したという理由が示されました。そこで、実際に見たライオンの感想を聞いてみます。すると、

6．きのう僕は学校の遠足で動物園に行きました。真っ先にライオンを見ました。『ジャングル大帝』という本が好きだったからです。それは6歳の誕生日に父からプレゼントされたものです。真っ白いライオンのレオが、仲間たちと協力して生きていく姿に感動したからです。**しかし、実際に見たライオンは白くありませんでした。しかも、木陰で寝てばかりだったので、がっかりしました。**

本に描かれていたライオンと、実際に見たライオンが対比され「がっかりした」という感想が出ました。その理由として「ライオンは白くなかった」「木陰で寝てばかりだった」ということが加わりました。

4W1Dで書かれたそっけない一つの文が、その理由＝WHYを問いかけることによって、ひとつながりの文章に仕上がりました。太字で記したところが、WHYの問いかけをもとに追加された部分です。注目してほしいのは、基本的に太字の部分が書き足されているだけだということです。複雑に文章を組み替えたり、大きく書き直したりはしていません。とてもシンプルに短い文をつないでいることがわかると思います。

6の後、さらに「がっかりした後どうしたのか」という次の行動を聞くこともできます。すると「飼育員に白いライオンはいないのかと、聞いた」などという具合に、動物園のライオンをめぐりさらにストーリーを展開させることができます。

WHYを問いかけていくことによって、表層的な状況を掘り下げることができるようになります。内容をより具体的に充実させるためのきっかけとなる問いかけがWHYなのです。

WHYがもたらすストーリー

WHYの問いかけをきっかけにすると、どうしてこうしたストーリー展開が生まれてくるのかを解説します。

例1の「きのう僕は動物園でライオンを見ました」は、ライオンを見たという「**状況**」の説明でしかないのです。ここにWHYを加えることで、「学校の遠足で」「真っ先に」という「見る」という「**行動**」をより具体的に説明することができました。さらに『ジャングル大帝』という本が「父からプレゼントされた」ということや、「レオが仲間たちと協力して生きていく姿に感動した」という内容などによって、「ライオンを見た」という **「行動」** を促す要因が説明されたのです。

そして、「実際に見たライオンは白くありませんでした。しかも、木陰で寝てばかりだったので、がっかりしました」という感想の中に、期待していたものとは異なる気持ちの **「変化」** を表現することができたのです。

「状況」 → **「行動」** → **「変化」** を綴ったものがストーリーなのです。人はいまの **状況** があって、それに対して **行動** し、**変化** が生まれます。その変化が新たな状況となって次の行動を生み、変化をつくります。人はこうしたスパイラルを経ながら進んでいきます。

たとえば、英語が上手く話せない状況にある人の例を考えます。

▽英語が上手く話せない＝状況
▽この状況を打開しようと、英会話学校に通う＝行動
▽しばらくして少し話せるようになった＝変化
⇓自信がついた＝これまでとは違う状況

▽海外旅行をしよう＝行動
▽旅行先で話した英語が「通じた。嬉《うれ》しい」＝変化

行動と変化が入り交じる部分はあると思いますが、だいたい「状況」↓「行動」↓「変化」の流れにそって動いていきます。英語が「通じた。嬉しい」という変化が、次のステージ（状況）を生み、新たな勉強意欲をもたらし、最終的に語学留学するといった流れにつながるケースも考えられます。

ストーリーとは、こうした行動と変化の流れを描くことです。行動と変化を繰り返しながら僕たちは生活しています。だからこそ、その人の行動や変化について知りたいと思うのです。

本や映画で描かれるストーリーに感動するのも、「状況」↓「行動」↓「変化」が描かれているからなのです。ほとんどすべてが、ある状況に悩み、そこから行動を起こし、その状況から脱します。主人公が変化し、次なるステージを迎えるという流れなのです。それが勝利であったり、成功であったり、更なる失敗であったり、家族や友人の絆《きずな》・愛

情の獲得や確認であったりするのです。

つまり状況だけの説明では、それによって何がどう動いたのか、それによってもたらされた変化や価値観などが描かれず、読み手は書き手の意図を汲《く》み取れません。

WHYの問いかけによって
人の行動・意識の変化を書く

状況→行動→変化

実生活にもつながるＷＨＹの問い

第三者に伝わる文章を書くということは、ＷＨＹの裏側に眠っている疑問をあらかじめ想定して、その答えを文章のなかに盛り込んでおくことです。これは、就職・転職におけるエントリーシート（ＥＳ）や業績シートをつくる場合も同様です。ＥＳや業績シートを読んだ面接担当者が、書いてある内容に関心を示し、さらに深く質問してくるようにあらかじめ仕込んでおくべきものです。

言い換えれば、ＥＳや業績シートは、面接担当者を自分のフィールドに誘い込んで戦えるようにつくるということです。それには、長所・短所、業績などにＷＨＹを問いかけてストーリーを描いていくようにしなくてはなりません。単なる想定問答ではなく、面接担当者とのコミュニケーション材料を用意しておくことなのです。第三者に伝わることこそが、開かれたコミュニケーションに対応するための文章づくりなのです。

また、これはビジネスにも応用できる考え方です。ビジネスは、プロダクトアウト（生産者思考）からマーケットイン（顧客思考）に移行したと言われています。商品の目新しさを語るより、なぜこの商品が生まれたのかという開発のストーリーや哲学を伝えた方が、消費者の心に響くのです。生産者の論理ではなく、消費者の論理を読むことが重要だということです。

それは商品やサービスのＷＨＡＴ、ＨＯＷを語ることより、ＷＨＹを語ることに重きが置かれるようになったということです。求められるのは、新商品（ＷＨＡＴ）がどのようにつくられたか（ＨＯＷ）ではありません。商品・サービスの開発する際に、なぜ課題だと思ったのか、課題解決になぜこの商品が必要とされるのかについて、そのＷＨＹや、その商品に対する哲学やストーリーを語ることこそが求められるのです。

先に取り上げた扇谷正造は「考えてみると、この5W1Hぐらい、ある意味で、一般の実用文（手紙、商業文ほか）にとっても、必要にしてじゅうぶんなる原則を示しているものはない。いや実用文だけではない。われわれの生活そのものも、じつは、この5W1Hを中心に動いているのではあるまいか。とすればこれはもうわれわれが、実人生をわたるうえに杖とすべき〝六人の賢者〟であり〝実生活の文法〟ともいえるかもしれないのである」（前掲書）と記しています。

状況・行動・変化によって導かれるのは文章の書き方だけではなく、僕たちの生活そのものが、5W1Hで描かれるということを示唆しています。5W1Hはまさに、「実生活の文法」なのです。

WHYの使い方における誤解

先に「情報はヒト・モノ・コトを変化させる記号、またはその集合体」だと書きました。例1（P53）や例2（P54）のような、状況だけの文章は情報になりにくいのです。

通常の会話やSNSでのチャットなら、そこにあえて情報を求める必要はないかもしれません。しかし、人を安全に導くことばや、広報でのお知らせなどは、読んだ人が等しく理解できる情報であることが求められます。

つまり開かれたコミュニケーション手段として、過不足のない文章にしなくてはならないのです。過不足のない文章とは、読み手が疑問に思うであろうことを先回りして答えを用意しておくということです。そのためにWHYを有効に使うべきなのです。

ところが、多くの場合、WHYの使い方が間違っているのです。たしかに、WHYを有効に使うべきだと書きながら、僕自身、5W1Hの使い方をしっかり教わった経験がありません。学校で作文の授業があったとしても、書き方そのものを教わった記憶がありません。

新聞社に入っても、記事の書き方の研修を受けたことはありません。オン・ザ・ジョブ・トレーニングという名の門前の小僧となって、デスクや先輩に原稿を直されるのを見て、身に着けていくのです。基本的に文章を書くことを得意とする人たちの集まりなので、それでよかったのかもしれません。口伝で継承されたものを何とか言語化したいと思ってたどり着いた方法の一つが、5W1Hの考え方、特にWHYの使い方でした。

ありがちなWHYの使い方

WHEN＋WHERE＋WHO＋WHAT＋**WHY**＋HOW

5W1Hの要素を並列して文章を書く方法が多い。

↓

「きのう、僕は動物園でライオンを見ました。
とても楽しかったです。
その理由の一つは……、二つ目の理由は……」

次の例を見てください。

【例3】
きのう僕は動物園でライオンを見ました。とても楽しかったです。**なぜなら**、ほかにも猿や象やキリンを見たからです。**二つ目は**、クラスのみんなとお弁当を一緒に食べられたからです。そして**三つ目は**、お天気がよかったからです。

4W1Dの文に「とても楽しかったです」といった類いの感想に続けて「なぜなら～」と、その理由を三つほど付け加えています。確かに「WHY」をつけてはいますが、これでは楽しかった事例の列挙に過ぎません。

冒頭の「きのう僕は動物園でライオンを見ました」という主題が置き去りにされ、「猿や象やキリンを見た」「みんなとお弁当を一緒にたべた」「天気がよかった」という楽しかった事例が枝葉として伸びただけです。そして枝葉の部分は状況の説明でしかありません。これでは、ライオンについての思いは伝わりません。

これは、ＷＨＹの使い方が間違っているのです。

最近、「言語化」ということばをよく目にします。しかし、「僕は動物園でライオンを見た。楽しかったです」が、言語化された文章だと思う人はいないはずです。文章になっていれば言語化されたというわけではないからです。

書き手の「思い」を書くことが言語化です。４Ｗ１Ｄの文にＷＨＹを問いかけて、それを引き出していけばいいのです。

改めて例１を振り返って、ＷＨＹをどういう具合に使ったのかを確認します。

【例１】
きのう僕は動物園でライオンを見ました。

・きのう＝いつ：ＷＨＥＮ
・僕は＝誰が（は）：ＷＨＯ
・動物園で＝どこで：ＷＨＥＲＥ
・ライオンを＝何を：ＷＨＡＴ
・見ました＝どうした：ＤＯ／ＤＩＤ

例１は４Ｗ１Ｄの要素でできています。この文のなかで骨となる部分は、「動物園に行ってライオンを見ました」です。つまり文の根幹にあたります。この部分に、ＷＨＹを問いかけていきます。

1. なぜ動物園に行ったのか（ＷＨＥＲＥ）
2. なぜライオンを見たのか（ＷＨＡＴ）

WHYの使い方を変える

4W1Dの要素にWHYを問いかける。

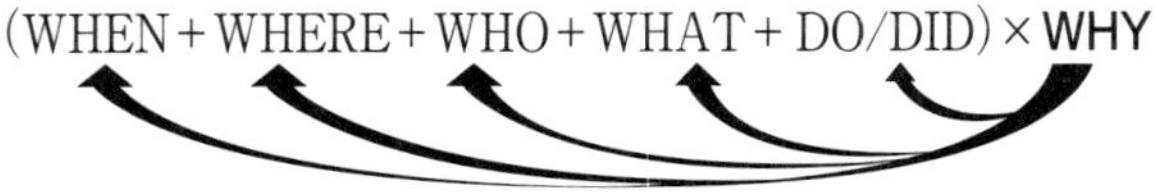

そこから導き出される答えについて、さらにＷＨＹを問いかけていくのです。これによって、骨の部分を深掘りして、書き手の思いを引き出していくことができます。

1. いつ＝ＷＨＥＮ×ＷＨＹ⇓なぜその時だったのか
2. どこで＝ＷＨＥＲＥ×ＷＨＹ⇓なぜその場所だったのか
3. 誰が＝ＷＨＯ×ＷＨＹ⇓なぜその人だったのか
4. 何を＝ＷＨＡＴ×ＷＨＹ⇓なぜそれなのか
5. どうした＝ＤＯ／ＤＩＤ×ＷＨＹ⇓なぜそうなったのか

１～５が、ＷＨＹの使い方です。ＷＨＹを並列するのではなく、一つひとつの要素に対して、ＷＨＹを問いかけていくイメージです。これによって、例１の「きのう僕は動物園でライオンを見ました」という短い文が変化し、ひと綴りの文章になったのです。

「状況」「行動」「変化」を書く

ことばを情報に変えるということは、「状況」「行動」「変化」を書くことなのです。どこかに出かけたこと（状況）だけを書いても、第三者には出かけた意味や理由がわかりません。「行動」「変化」にこそ書き手の思いが表現されます。そこに、読み手の知りたい情報があります。

言語化とは書き手の「思い」を表現することです。WHYの使い方がわかれば、脳の中にある思いの源泉としての「ことばの芽」を引き出すことができます。

ことばが情報になれば、それによって人の意識や行動、判断を変化させることができます。そして、賛同者が集まり仲間を増やすことにもつながります。一歩前に踏み出そうとしたときの力となります。迷いが自信・確信に変わることにもなります。

見方を変えれば、情報にならないことばは、第三者に通じないのです。

ことばを掘り起こして情報にするということは、人を描くことにもなります。

「文は人なり」ということばがあります。ことばを紡いで文章を書けば、どうしても自らをさらすことにもなります。どんなに取り繕っても、その人の思考が滲《にじ》み出ます。思考はことばで構成されるからです。自分の使うことば以外に、自分の思考を伝えることができないからです。

そしてどんなに哲学的、形而上《けいじじょう》的な話であっても、そこには必ず人が存在します。人が存在する限り、そこに状況、行動、変化の理由があるはずです。同じ映画を見ても、そこに集った人の数だけ感想があるはずです。それは、個々のことばでしか表現できません。仮に、あなたが書いた感想に多くの人が共感したなら、それは、あなたのことばが情報となり、多くの人を動かしたことになります。その情報はあなた自身にほかならないのです。

「自らがメディアとなって、自らをプレゼンする」というのは、「自らがメディアになって、自らの情報を伝える」ということなのです。

第四章　文の構造を理解する

ここからは、ことばを情報にするための方法を具体的に考えていきます。基本は、土台となる文をしっかり書くことです。文と文章の違いについては先に述べましたが、改めて、文の定義を確認します。

文構造のルール

文：文法学上の基本単位。ひとつのまとまった内容を表す。末尾に「だ」「ます」などの活用形の終止形や「よ」「かしら」などの終助詞がつく。一般的に書きことばでは句点「。」などで終わる。

わかりやすく言うと、「ひとつのまとまった内容を表す最小の単位」ということです。文と、文章を分けて考えるのは「文章は文を積み重ねてつくるもの」だからです。一口に文章の書き方と言っても、文の書き方と文章の書き方では、アプローチが異なります。文章の土台となる文がしっかりしていれば、文章を組み立てることは比較的容易になります。そのためにも文の構造を理解することが重要です。そして、文を複雑にして誤解を招くことを少なくするために、簡潔にする方法を考えていこうと思うのです。

まずは、簡潔な文をどう書けばいいのかを、「文構造のルール」としてまとめました。

【文構造のルール】

1. 主語と述語の関係を明確にする。
2. 一つの要素で一つの文を書く。

「文構造のルール」という割には、拍子抜けするほど、当たり前で簡単なことです。ところが、ここが一番難しいのです。ごく単純なルーティーンの確認と見直しが、誤解の少ない文章を書くためには必要になります。

ピアニストは、指が自然に動くよう基礎練習を繰り返します。野球のバッターも一振り一振り考えながら素振りをし、自然な流れでバットが振れるよう自動化する作業を繰り返します。数学も簡単な足し算・引き算ができなければ、前に進みません。

どんなことにも基本の型があります。その型を身につけるには、単純なルーティーンの繰り返しが重要です。ところが、僕たちは文章の書き方を教わることがないまま大人になり、基本を知らぬままルーティーンの必要性をも疎《おろそ》かにしています。「型があっての型破り、型がなければ単なる形無し」と言います。まさに、文の型を身につけることから始めましょう。

主語と述語の関係を明確にする

まず、1の「主語と述語の関係を明確にする」について、解説します。

日本語は必ずしも主語を書く必要はありません。むしろわかりきった主語は省くというのが、日本語で文章を書く基本です。そのため、そんなに主語を意識する必要がないのではないか、という誤解も生じます。ところが、実際は逆で、主語を明示しない文だからこそ「主語と述語の関係を明確にする」ように意識しておかなければならないのです。

文章は文をつないで組み立てていきます。一つひとつの文が何を主語にして書いているかを明確にしておかないと、文章にしたときに妙なねじれが生じます。主語を書く必要がないだけで、主語がなくてもいいということではありません。夏目漱石の『吾輩は猫である』の書き出しで検証します（便宜上、文ごとに番号を振っています）。

#1．吾輩は猫である。
#2．名前はまだ無い。
#3．どこで生れたかとんと見当がつかぬ。
#4．何でも薄暗いじめじめした所でニャーニャー泣いていた事だけは記憶している。

有名な一節です。#1の「吾輩は猫である」の主語は「吾輩」です。その後に続く#2～#4には明確な主語が書かれていません。しかし、すべて「吾輩」という主語で文が通っていることがわかると思います。

#1．吾輩は猫である。
#2．（吾輩は）名前はまだ無い。
#3．（吾輩は）どこで生れたかとんと見当がつかぬ。
#4．（吾輩は）何でも薄暗いじめじめした所でニャーニャー泣いていた事だけは記憶している。

#1で明示されている「吾輩」が、#2〜#4の主語にもなっています。これらが主語だと認識できるのは#1の「吾輩は」の「は」の役割に負うところが大きいのです。
これについては、後ほど詳しく解説します。

一つの要素で一つの文を書く

次に2の「一つの要素で一つの文を書く」という視点で、#1〜#4を見ていきます。
実に一文があっさりしていることがわかると思います。どこにも力が入っていない、という表現がピッタリです。

#1．吾輩は猫である。
#2．名前はまだ無い。

#1と#2にいたっては、箇条書きです。「何はなんだ」「何はどうだ」しか書いていません。#4は、やや長くなっていますが、泣いていた場所の説明とニャーニャー泣いていた記憶に絞った内容です。

つまり、文構造のルールは、文をシンプルに書くためのものなのです。ところが、ライティングセミナーや、企業・自治体の広報文の研修やコンサルタントをして、提出された文章を読むと、

・主語が明確になっていない。
・述語が何を受けているのかわからない。

・一文に要素を詰め込み、趣旨が伝わらない。
・同じことばを繰り返す。

といったものが、結構多いのです。この課題を解決できれば、簡潔でわかりやすい文が書けます。とはいっても、ただ、「主語と述語の関係を明確にする」「一つの要素で一つの文を書く」と言われても、漠然として実際にどうすればいいのかがわからないと思います。

実は、この「文構造のルール」を満たすためには、次に挙げる三つのポイントを押さえる必要があります。

①「は」と「が」の違いを知る
②接続助詞と中止法を避ける
③無駄なことばを全部削る

それを順番に説明していきます。

助詞「は」と「が」の違いを知る

ここでは「主語と述語を明確にする」ために、助詞「は」と「が」の違いを確認していきます。どちらも主語を表す助詞だと思っている方が多いと思います。この解釈は必ずしも間違ってはいません。ただ、その用法が異なります。

「が」は主格を表す格助詞ですが、「は」は係助詞（副助詞）です。「は」の一般的な役割は「たくさんの事柄の中から、ひとつのものを取り出して提示する」ことにあります。つまり、主題を提示する役割です。

たとえば「象は鼻が長い」という文では、述語の「長い」に対応する主語は「鼻」です。「象」が示すものは「動物の中でもとりわけ象は」という主題です。

係助詞は「文末の陳述にまで係っていく働きをもつ」ので、名詞・代名詞などを受けて述語との結びつきを強める役割があります。しかし、主語を確定する格としての役割はないのです。

とはいえ、「私は学生です」の場合、「いろいろな人がいるがとりわけ私は」という主題であるとともに、その属性が「学生」として「何はなんだ」という形が成り立っているので、この場合は主語といってもいいと考えます。主語か主題かは大まかに理解しておけばいいと思います。本書でも特に支障がない限り、主語と記述します。

そして、「は」と「が」は、文を構成するうえで大きな違いがあります。それは、

・係助詞「は」は、遠くの述語（述部）に係る
・格助詞「が」は、直後の述語（述部）にしか係らない

ということです。例を示して説明します。

【例1】
君**は**ご飯を食べているのを見ていると楽しくなる。

「君」という主語は「見ていると楽しくなる」という述部に係っています。「ご飯を食べている」のは、君以外の誰かです。

次に、例1の「君は」を「君が」に置き換えてみます。

【例2】

君がご飯を食べているのを見ていると楽しくなる。

こうすると、「ご飯を食べている」の主語は「君」になります。「見ていると楽しくなる」のは、書き手になります。

例1、例2で示したように、「は」と「が」を入れ替えただけで、ご飯を食べている対象と、見ていて楽しくなる対象が逆になってしまうのです。それは、「は」は遠い述語（述部）に、「が」は直後の述語（述部）に係る特徴がもたらす効果なのです。しかも、『吾輩は猫である』で見たように、次に続く文の主語としても影響するのです。

「は」と「が」の違いは、文を書く際に一番意識すべきポイントなのです。特に遠くの

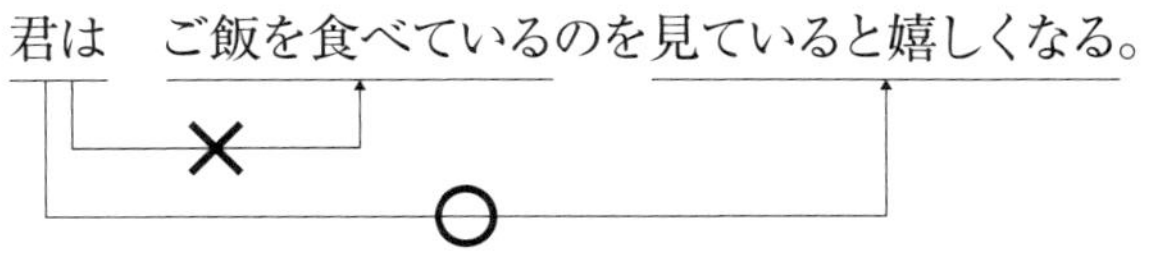

述語（述部）に係る「は」は、なかなかの曲者《くせもの》です。これを理解することが、文を簡潔にし、誤解の少ない文章を書く第一歩となります。実践に沿った文で、更に検証します。

【例３】

伝達手段が多様化した時代**は**ＳＮＳやネット環境が発展しているので、直接顔を合わせなくてもコミュニケーションが取れる時代だ。

60字でできた長い一文です。意味するところはわかります。誤解を招くような文でもありません。しかし、簡潔な文とは言い難いものがあります。なぜ簡潔な文ではないのか、その謎解きをしていきます。一文が長いときは、ハッシュ記号（＃）を利用して、文の要素を分解し書き出してみます。哲学者のデカルトではありませんが、「困難は分割せよ」です。

#1．伝達手段が多様化した**時代は**
#2．SNSやネット環境が発展
#3．直接顔を合わせなくても（すむ）
#4．コミュニケーションが取れる**時代**

このように、一文に4つの要素が入っています。#1と#4に「時代」ということばが入っていることがわかります。一つの文に同じことばが使われるのは、何か文の構造に無理があるサインです。

その原因の一つが、#1の「伝達手段が多様化した時代**は**」の係助詞「は」です。実はこの部分には「伝達手段が」という「が」を含んだ文節が出てきます。これは、直後の「多様化した時代」という述部にしか係っていません。そして、「伝達手段が多様化した時代」が主語となって「は」を伴っています。

伝達手段が多様化した時代は、

～コミュニケーションが取れる時代だ。

＃1の「伝達手段が多様化した時代**は**」は、とりわけ「SNSやネット環境が発展している」のが特徴だということを提示しています。そして、「は」が遠くの述語に係るため、＃1の「伝達手段が多様化した時代」は、＃4にも影響します。そのため、

伝達手段が多様化した**時代は**　～　コミュニケーションが取れる**時代だ**

という構造になります。つまり「**時代は～時代だ**」という構造のなかに、＃2と＃3の要素が挟み込まれているのです。これが文を複雑にしている要因の一つです。

　さらに、この文を複雑にしているのが「発展しているので」の「ので」という接続助詞です。いったん「は」を離れて、接続助詞について考えていきます。

接続助詞と中止法はできるだけ使わない

接続助詞は、動詞・形容詞・形容動詞などの用言や、助動詞に付いて、それより前の語句を後の語句に接続し、前後の語句の意味上の関係を示す働きをする役目があります。接続助詞のなかでも、文を書く際に注意すべきものは「ので」「が」の二つです。

接続助詞は、その前後にある文をつなぐので、必然的に文は長くなります。また、前後の文は、それぞれ一つの要素でできた文になっている場合が多いのが特徴です。

文+（ので／が）+文

という形を取っています。例えば、

1．きょうは雨が降った**ので**、ハイキングに行くのを諦めた。
2．学校へ行った**が**、休講だった。

という文を見てみます。1には「ので」、2には「が」という接続助詞が使われています。この接続助詞の前後は、それぞれ文になっているのがわかるでしょうか。

1. きょうは雨が降った。（ので）ハイキングに行くのを諦めた。

2. 学校へ行った。（が）休講だった。

文を二つつなげば、文が長くなるのは当たり前です。要素も二つになります。そこで、接続助詞の代わりに接続詞を使って、一文を短くするようにします。

1-1. きょうは雨が降った。**だから**、ハイキングに行くのを諦めた。

2-1. 学校へ行った。**しかし**、休講だった。

こういう具合に、要素を分割して文を書くようにします。文章作法の本などには、よく文は短くとか文章は短くなどと説明されています。ところが、どうすれば短くなるのか、を解説しているものはほとんどありません。文を短くするために注目すべきポイントの一つは、接続助詞にあります。接続助詞の前と後で分割すれば、必然的に文は短くなるのです。

中止法も同様です。中止法は、用言の連用形の用法の一つです。文が終わるのをいったん中止し、また次に続ける書き方です。

用言というのは「動詞、形容詞、形容動詞」をまとめて言う文法用語です。連用形は、動詞に「ます」をつけた形、形容詞に「なる／ない」をつけた形、形容動詞に「ない／ある」をつけた形です。いくつか例を示します。

・動詞＋ます：**おり**ます、**動き**ます、**食べ**ます
・形容詞＋なる／ない：**青く**なる／ない、**明るく**なる／ない、**美しく**なる／ない
・形容動詞＋ない／ある：**安全で**ない／ある

要素A＋接続助詞+要素B

↓

要素A。接続詞+要素B。

太字部分が連用形の語幹です。ここで文が終わるのを中止して、次につないでいるので中止法といいます。

次に挙げる例を見てください。

3．日照りが続いて**おり**、水不足が心配だ。

4．今年夏は気温が**高く**、熱中症が増えている。

ごく自然に、こういう書き方をしていることと思います。「おり」は「おる（いる）」の、「高く」は「高い」の連用形です。ここで注目してほしいのは、接続助詞と同様に、中止法の前後がそれぞれ文になっていることです。

3．日照りが続いて**おる（いる）**　＋　水不足が心配だ

4．今年の夏は気温が**高い**　＋　熱中症が増えている

3と4はもともと、こうした二つの文の連なりだったのです。それを、前半の「おる（いる）」「高い」という終止形を連用形にして、後ろの文を接続したものです。これをもとの二つの文に戻します。その際に、接続詞を使ってつなぎます。

3－1．日照りが続いている。**そのため**、水不足が心配だ。
4－2．今年の夏は気温が高い。**だから**、熱中症が増えている。

接続助詞も中止法も二つの文をつないで一つの文にするという共通の役目があります。これを全てやめようと言っているわけではありません。例に示したような短い文であれば、読みにくさもなく、誤解を招くこともありません。本書でも、これらを使って書いている部分があります。

しかし、接続助詞と中止法を意識して、一つの要素で一つの文を書くことを心掛けることが重要なのです。これを意識していないと、複雑な文になった原因がどこにあるのかがわからなくなるからです。

接続詞を使って書いて細切れな文が続いていると思えば、それを接続助詞や中止法に変えることはたやすいのです。しかし、いったん接続助詞や中止法を使って書いた文を接続詞に変えるのは、なかなか難しいのです。文を分割したり削ったりすると、意味が変わってしまうのではないかという心理的な抵抗があるからです。

接続詞は文頭につくことが多いので、文の対比がはっきりします。文の中に織り込まれた接続助詞や中止法は、対比を明確にするというより、意味上の関係を示す働きが強いのです。

そのためかなり意識的に読まないと、長い文の中に紛れた接続助詞や中止法の存在に気づかないのです。文が複雑になっている原因が理解できず、「読みにくい」「わかりにくい」という課題を解決できないのです。

では、改めて例3に戻ってみましょう。

【例3】

伝達手段が多様化した**時代は**SNSやネット環境が発展している**ので**、直接顔を合わせなくてもコミュニケーションが取れる**時代だ。**

書き出しの部分を見てください。

「伝達手段が多様化した時代**は**SNSやネット環境が発展している**ので……**」と、接続助詞「ので」が使われています。「ので」の前後は、それぞれ文が成立していることに注目してください。

伝達手段が多様化した**時代は**SNSやネット環境が発展している。(ので)
直接顔を合わせなくてもコミュニケーションが取れる**時代**だ。

という構造になっています。先に「時代」ということばが二つ使われていると指摘しました。それは、「ので」の前後をそれぞれ文として成立させるために、「時代」を省くわけにはいかなかったのです。
例3にある接続助詞「ので」の代わりに中止法を使った場合も見てみましょう。

【例3－1】
伝達手段が多様化した**時代は**SNSやネット環境が**発展しており**、直接顔を合わせなくてもコミュニケーションが取れる**時代だ。**

「……発展している」で終わる文を、「発展しており」と中止法にして後の文につなげました。中止法にした前半の「伝達手段が多様化した時代は……」と、後半の「直接顔を合わせなくても……」が、それぞれ文として成り立っています。これは、接続助詞「発展しているので」とした例3と同じ構造です。
そこで、例3を接続助詞「ので」の代わりに接続詞を使って、書き直してみます。

伝達手段が多様化した**時代**はSNSやネット環境が発展している。**そのため**、直接顔を合わせなくてもコミュニケーションが取れる**時代**だ。

このようにすれば、遠くの述語（述部）に係る係助詞「は」の問題と、接続助詞を使って一文が長くなるという問題を一応、解決することができます。しかし、「時代」ということばが、一文目と二文目に残っています。ここを解消するために、もう一歩、考えていきます。それは、3つ目のポイント「無駄なことばを全部削る」です。

無駄なことばを全部削る

無駄なことばを削るというのは、殊の外難しいものです。僕は、自分の文章を削れるようになったら、一人前の執筆者になれると信じています。自分が書いた文章には愛着があるので、それを削るということは、心を引き裂かれるような痛みが伴います。とはいえ、先に書いたように、同じことばが一文に入っているのは、どこか不具合がある証拠です。また、連なる文に何度も同じことばが使われている場合も、文章の流れに滞りのあるサインです。

ことばの重複だけでなく、抽象的なことばにも注意が必要です。昨今よく使われる「多様化」とか「言語化」ということばが、そうです。さまざまな文脈で使うことができ、とても使い勝手がいいことばです。特に「多様化」は、生物、人の営み、人種、システムなどあらゆる分野で使われるため、それが示す内容が明確にならない場合が多いのです。こうした抽象度の高いことばは概念を丸めて表現するため、ふわーっとした雰囲気しか伝わらないことが多いのです。それゆえ、読み手によってさまざまな解釈が生まれることにもなります。ポイントになることばの解釈を読み手に委ねると、書き手の意思とずれる可能性があるため、誤解の原因にもなります。

例文に使われている「伝達手段が多様化した」とは、どういう意味なのかを考えます。すると、すぐ後に「SNSやネット環境が発展している」という説明があります。これは「多様化した」という抽象的なことばの補足説明になっています。そうであれば、「多様化」という抽象的なことばを使わず、その内容がわかる具体的なことばで説明すればいいということになります。

その視点で例3を再度分解して見ていきます。

＃1．伝達手段が**多様化した時代は**
＃2．SNSやネット環境が発展
＃3．直接顔を合わせなくても（すむ）
＃4．コミュニケーションが取れる**時代**

＃1の「伝達手段が多様化した時代**は**」が、全体状況を伝えています。しかし「多様化」という抽象的なことばを使っているため、＃2でその内容を補足しています。それをもとに＃3と＃4が語られている、という構造です。

「多様化」ということばが必要かどうかを考えます。必要がないと判断すれば【例3-1】をもう一歩進めて、

【改善例1】
SNSやネット環境が発展した**時代だ。そのため、**直接顔を合わせなくてもコミュニケーシ

ョンが**取れるようになった。**

というように、「多様性」の具体的な内容「SNSやネット環境が発展した」を先に出して「時代」の説明を言い切ります。次にその影響がもたらした内容をつなげます。一文目が18字、二文目が36字。計54文字です。例3は一文で60字ありました。一つひとつの文がコンパクトになっていることがわかると思います。無駄なことばを削るということは、必要とすることばを活かすということでもあります。「時代」の位置を二文目に持っていくこともできます。

【改善例2】

SNSやネット環境が発展した。直接顔を合わせなくてもコミュニケーションが取れる**時代になった。**

接続詞を省いても、違和感のない文章になっています。さらに「時代」を主語に据えて書き換えることもできます。

【改善案3】

時代がSNSやネット環境を発展させた。直接顔を合わせなくてもコミュニケーションが取れる社会を生んだのだ。

この場合の「時代」は、「いまいるその時期。話題にしているその時期」という意味になります。こういう解説風の書き方も可能です。さらに、「多様化」ということばを別のことばにして書き換えることもできます。

【改善案4】

SNSやネット環境が発展し、**伝達手段の選択肢が増えた。そのため、**直接顔を合わせなくてもコミュニケーションが**取れるようになった。**

「伝達手段の多様化」を「伝達手段の選択肢が増えた」という表現に置き換えました。「そのため」という因果関係を表す接続詞を使って、コミュニケーションの変化を次に書き加えることができます。「発展し」と中止法を使ったので、やや文が長くなりましたが、これでも1文目が27字、2文目が36字です。「伝達手段の多様化」を残すのであれば、

【改善案5】

時代はSNSやネット環境を発展させた。**いわば伝達手段の多様化だ。これにより、**直接顔を合わせなくてもコミュニケーションが取れる社会を生んだのだ。

例3では書き出しに「伝達手段が多様化した時代は」としたので、その具体例がつかみにくかったのです。

改善案5では、三つの文に分割しました。「SNSやネット環境を発展させた」ことを先に読み手に伝えたうえで、「いわば」という副詞を使って、「伝達手段の多様化」と

いうたとえを例示する形にしています。これであれば、「いわば」が導く「伝達手段の多様化」が「たとえて言えば」「たとえば」という、先に示された内容のまとめになります。

無駄なことばを削るということは、必要なことばを際立たせるということに他なりません。ことばを選ぶことによって、表現力も生まれてくるのです。

わかりやすい文をつくれば必然的に文は短くなる

①「は」と「が」の違いを知る
②接続助詞と中止法を避ける
③無駄なことばを全部削る

という三つのポイントから例3を見てきました。

・係助詞（副助詞）の「は」は、遠くの述語（述部）に係る。
・接続助詞と中止法は、その前後で要素を分ける。そうすると、必然的に文は短くなり、主語と述語が明確になる。
・無駄なことばを全部削ると、かえって表現力を増やすことができる。

文は短くした方がわかりやすいのではなく、わかりやすい文をつくれば、必然的に文は短くなるのです。

短い文では「単調になる」「無味乾燥になる」「バリエーションがなくなる」といった不安は、五つの改善案をご覧いただければ、杞憂《きゆう》であることがおわかりいただけるのではないでしょうか。

例3で取り上げた文は、60字です。このなかに、整理すべき①〜③のポイントが全て入っていました。これは、決して特別な例ではありません。僕が文章コンサルタントとして預かる文章の多くは、ここが整理できていないのです。

僕たちは普段、一つの文をこれだけの視点で考えることがありません。そのため、回りくどい説明だなあ、と思った方もいることと思います。しかし、たった一つの文をこうした角度から見たり考えたりする教育を受けた経験もないはずです。文を分解して考えることはとても重要なことなのです。

①〜③のポイントを意識して文を見直すことは、「簡潔な文」に近づくための基本動作です。ピアニストが指を滑らかに動かせるように、野球のバッターがバットの軌道を滑らかにするように、基本のルーティーンを欠かさないのと同じことです。文章は一朝一夕で書き方が変わるわけではありません。

基本を押さえれば、文はいかようにも書き分けられることができます。つまり、表現力を増やす方法でもあるのです。そしてこれは、

1. 主語と述語の関係を明確にする。
2. 一つの要素で一つの文を書く。

という「文構造のルール」のポイントであることを改めて確認してください。読みにくい、理解しにくいと思う文に出会ったら、

①主語の部分に係助詞「は」が使われていないか
②同じことばが2回使われていないか
③「ので」「が」などの接続助詞や、中止法が使われていないか

を確認してください。このサインがあれば、接続助詞や中止法の前後で要素が分けられるはずです。そうすると一文は短くなり主語と述語の関係がはっきりします。そして「時代は〜時代だった」などという不思議な文構造も改善されるはずです。

「文」の基本がわかったところで、次は「文章」について考えていきます。

第五章　文章の構造を理解する

文章構造のルール

一筆啓上　火の用心　お仙泣かすな　馬肥やせ

これは、徳川家康の家臣であった本多作左衛門重次が、戦場から妻に送った短い手紙として有名です。歴史家・磯田道史は「一筆申す　火の用心　お仙痩さすな　馬肥やせかしく」（『殿様の通信簿』新潮文庫）としています。

「一筆啓上」は、当時、男子が書状の書き出しに使う決まり文句の一つです。「筆をとって書いて申し上げる」という意味です。「火の用心」は、防災への注意喚起です。当時の家屋は木造でした。そのため、火の始末は防災上とても重要なことでした。「お仙泣かすな」のお仙は、嫡男《ちゃくなん》・仙千代のことです。跡取り息子の養育についての頼みです。「馬肥やせ」は、当時、戦には欠かせない馬の管理について書いたものです。

つまり、ごく短いことばの中に、留守中における防災、養育、管理についての注意をしたためたのです。いまであれば、妻への労《ねぎら》いがない、と非難を浴びるかもしれません。しかし、当時の武家にとって必要なことだけを抽出して書かれた手紙です。

ここでこの手紙を例にあげたのは、文章は簡潔が一番であることを確認したいと思ったからです。文章を読んでもらうということは、「相手の時間を奪うこと」です。ビジネスシーンにおいて、読んで即座に理解できる文章と、時間をかけて読んでも理解できない文章とでは、読み手の安心感と満足度に大きな違いが生まれます。それだけに、読むだけですっと理解できる文章であるよう心がけたいと思うのです。

第四章では、文章の元になる文を簡潔にすることを話しました。本章では、文章の構造を考え、読み手に伝わりやすく、誤解の少ない文章の組み立て方を理解できるようにしたいと思います。まずは、文章の定義を改めて確認します。

文章：一つ以上の文が連なった言語作品。

繰り返しになりますが、ここでいう言語作品は、必ずしも小説や評論などの文芸作品ではなく、書き手の思想・感情・意志などを伝えるために、まとまりのある言語表現として、一つもしくは複数の文から成るものを指します。
文と同様、文章にもやはり構造のルールがあります。

【文章構造のルール】

1.「骨」を書き、「肉」をつける
2.肉は「脈」でつなぐ

「骨」と「肉」と「脈」。文章構造は、この三つのキーワードで理解できます。前章で文構造のルールをお話ししました。文章は、簡潔に書いた文を繋《つな》いでいきます。そのため、文章は書くというより、さまざまな要素の文を読み手が理解しやすいように組み立てて、編集するという考え方で進めます。

「骨」を書き、「肉」をつける

文章には「ここだけは伝えたい」という中心を貫く部分が必ずあります。この中心を貫く部分を「骨」と定義します。骨を書くというのは、文章の枠組み（骨組み）というより、一番伝えたい内容を書くという意味です。文章を書くプロセスとして、何を伝えたいのか、何を伝えるべきなのかを確認することから、文章は始まります。「骨」の部分をしっかり書いて、その後に補足すべき内容を重ねて「肉」をつけるというイメージです。

ここで、5W1Hの話をした際に使った例文「きのう僕は動物園でライオンを見ました」に再登場してもらいます。この4W1Dの文に「WHY」を掛ける方法によって文章を展開させました。その時につくった文章の最終形がこうでした。

【例1】

きのう僕は学校の遠足で動物園に行きました。真っ先にライオンを見ました。『ジャングル大帝』という本が好きだったからです。それは6歳の誕生日に父からプレゼントされたものです。真っ白いライオンのレオが、仲間たちと協力して生きていく姿に感動したからです。しかし、実際に見たライオンは白くありませんでした。しかも、木陰で寝てばかりだったので、がっかりしました。

「きのう僕は動物園でライオンを見ました」という状況のみの文が、「ＷＨＹ」を問いかけたことによって、ひとまとまりの文章に仕上がりました。ここで一件落着としてもいいところです。しかしさらに一歩踏み込んで、この文章のなかで一番伝えたい「骨」の部分はどこにあるのか、を考えます。すると、期待して動物園に行ったものの、白いライオンはおらず、木陰で寝てばかりの姿を見てがっかりした、という気持ちにあることがわかります。つまり、これが「骨」の部分です。

この「骨」の部分を文頭に持ってきて、その後にその理由などの「肉」を付け加える形に組み替えてみます。

例えば、あなたが大好きな歌手のコンサートに行ったとします。その感想を友人から聞かれたら、恐らくあなたは「すごくよかったよ〜」などの気持ちを、まず口にするはずです。いきなり「歌手のビブラートの伸びがよかった」などというディテール（細部）から話し出すことはないはずです。つまり、まず素直な気持ちを伝えて、それの情感や感覚を共通認識としたうえで内容に入る話の展開は、ごく普通のことです。ところが、文章になると、この「普通」の流れがつくれないのです。

例1の書き手はライオンを見て、「なーんだあ」という落胆の声をあげたはずです。そこで、期待外れだった部分をこの文章の「骨」として、書き出してみようと思うのです。

【改善例1】
ライオンは白くありませんでした。しかも、木陰で寝てばかりだったので、がっかりしました。

書き始めにいきなり「ライオンは白くありませんでした」とあるので、読み手は「何のことだ？」という疑問が湧きます。ここから、白いライオンについて関連する内容を

「肉」として加えていきます。

【改善例1－2】

ライオンは白くありませんでした。しかも、木陰で寝てばかりだったので、がっかりしました。**白いライオンに興味を持ったのは、6歳の誕生日に父から『ジャングル大帝』という本をプレゼントされたことがきっかけでした。それは、真っ白いライオンのレオが仲間たちと協力して生きていく話でした。僕はとても感動しました。だから、学校の遠足で動物園に出かけるのをとても楽しみにしていたのです。**

1、2文目を受けて、白いライオンに興味を持ったきっかけを書いていきます。3文目には、『ジャングル大帝』という本をプレゼントされたという話が追加されます。続いて、「それは、真っ白いライオンのレオが……」という本の内容が加わります。それによって、「ライオンは白くありませんでした」という書き出しの意味が明らかにされます。本に感動したことが率直に語られます。そして、畳みかけるように、

「だから、学校の遠足で動物園に出かけるのをとても楽しみにしていたのです」

と続きます。

改善例1－2は、次の要素で組み立てられています。

#1．**ライオンは白くなかった。**木陰で寝てばかり。がっかりした。（1、2文目）
#2．6歳の誕生日に父からプレゼントされた『ジャングル大帝』が、**白いライオンに興味**を持ったきっかけ。（3文目）
#3．**真っ白いライオンのレオが**仲間たちと協力する姿。感動（4、5文目）
#4．学校の遠足で動物園、楽しみにしていた（6文目）

これを見ると、#1から#3までが、白いライオンを軸にして展開していることがわかると思います。それを受けて#4で、遠足を楽しみにしていたと結んでいます。比較のために、例1の要素も同様に並べてみます。

#1．学校の遠足で動物園に行った。真っ先にライオンを見た（1、2文目）
#2．『ジャングル大帝』が好きだった。（3文目）
#3．それは6歳の誕生日に父からプレゼントされた。（4文目）
#4．**真っ白いライオンのレオが**仲間たちと協力する姿に感動（5文目）
#5．**ライオンは白くなかった。**木陰で寝てばかり。がっかりした。（6、7文目）

例1では、#1で動物園に行って、ライオンを見たという状況を記しています。その理由を#2と#3の二つに分けて順に説明しています。そして#4で、ようやく「真っ白いライオン」というキーワードが出てきます。そして#5で感想が書かれる構造です。

#2と#3の要素が、改善例1－2では#2のなかにまとめられています。例1も改善例1－2も、書かれている内容はほぼ同じです。しかし、全体の印象は大きく異なります。例1は、もともと4W1Dの文にWHYを問いかけて、その順番に書いていったものです。そのため、#1～#5へと順番に説明していって、最後に置いた#5を帰結点として組み立てられています。

一方、改善例1－2は「骨」の部分を「真っ白いライオン」に据えて、「肉」をつけていったものです。そのため、真っ白いライオンを軸に話が進みます。最後に置かれた「だから、学校の遠足で動物園に出かけるのをとても楽しみにしていたのです」が、この文章の帰結ではありません。その先の展開を期待させる書き方になっています。そのため、ここで文章は終われないのです。続きを書いてみます。

【改善例1－3】

ライオンは白くありませんでした。しかも、木陰で寝てばかりだったので、がっかりしました。6歳の誕生日に父から『ジャングル大帝』という本をプレゼントされました。それは、真っ白いライオンのレオが仲間たちと協力して生きていく話でした。僕はとても感動しました。だから、学校の遠足で動物園に出かけるのをとても楽しみにしていたのです。

友達は「白いライオンなんかいるわけがない」と言いました。僕は悔しくて、家に帰ってからインターネットなどで調べてみました。白いライオンは突然変異で生まれるので、とても珍しいのだそうです。だから、どの動物園にもいるというわけではないそうです。ところが、A

動物園に1頭いることがわかりました。父に話をしたら、夏休みに連れていってくれると言ってくれました。早く夏休みがこないかなあ、と今から楽しみです。

改善例1－2を、こんな具合に展開することができます。書き加えた部分も「真っ白いライオン」を軸にして展開しているため、どこを切り取っても「白いライオン」について書かれています。「骨」を定めて、そこから書き始めると、骨の部分を深く掘り下げることができるのです。

幹に当たる本題を書いていたはずなのに、いつの間にか周辺にある「枝葉」の話に移り、論旨が伝わらない文章になってしまったという例はよくあります。話は往々にして横に広がりがちなのです。

特に、会話や講演などの話しことばは、横へ広がる傾向の強い伝達方法です。それは、本題から広がる「枝葉」を話すことが魅力の一つでもあるからです。身ぶり手ぶりや、表情などのノンバーバル（非言語）の要素も加わります。

一方、書きことばは、文字だけを追って読んでいくので、話が横へ広がると、読み手は書き手の論理を追い切れなくなってしまいます。そのため、枝葉をできるだけ刈り込んで「幹」がしっかり見えるように意識して書いていくことが重要なのです。そのためにも、文章の基になる文をできるだけ簡潔にして、繋いでいく必要があります。

ここで、例1と改善例1－3をもう一度、見てほしいのです。ここには、複雑な文がありません。第四章で書いたように「一つの要素で一つの文」をつなげていくことを意識しています。接続助詞もほとんど使っていません。改善例1－3の「白いライオンは突然変異で生まれる**ので**、とても珍しいのだそうです」という部分に接続助詞「ので」を使いました。

白いライオンは突然変異で生まれる**そうです**。だから、とても珍しい**とのことです**。

このように、接続助詞「ので」を使わないと、「生まれる**そうです**」「珍しい**とのことです**」という伝聞の形が続きます。そのため、あえて接続助詞を使いました。

ここまでは、「骨」を書いて、そこに「肉」を付ける方法について話しました。ここからは「肉」をどう付ければいいのか、について解説していきます。

「肉」は「脈」でつなぐ——モンタージュ理論の応用

前の文の意味・内容を引き受けて、次の文につなげる書き方を「脈」と呼ぶことにします。言うなれば、「文脈」の「脈」です。そこで、「文脈」について旧ソ連の映画監督セルゲイ・ミハイロビッチ・エイゼンシュテインが確立した「モンタージュ」という映像理論を参考に考えていこうと思います。この理論については、さまざまな解釈がありますが、ここでは「後ろの映像は前の映像に影響される」という基本的な役割をベースに話を進めます。

レフ・ウラジミロヴィチ・クレショフは、エイゼンシュテインと同時代の映像作家です。彼は映像の組み合わせ方で、それを見ている人の意識が変化するという実験をしました。モンタージュ理論で得られた意識の変化を「クレショフ効果」と言います。クレショフは、以下の三つの映像を基にその効果の実証実験をしました。

1. スープの入った皿の映像を見せた後に、男性の顔の映像を見せる
2. 棺桶《かんおけ》に入った遺体の映像を見せた後に、男性の顔の映像を見せる
3. ソファに横たわる女性の映像を見せた後に、男性の顔の映像を見せる

1~3の男性の映像は同じものです。ところが、これを見た被験者は、男性の表情がその前に映し出された映像によって、次のように変化したのです。

1では、男性は空腹であるように感じる。
2では、男性の悲しみが伝わるように感じる。
3では、男性の欲望を表現しているように感じる。

これがクレショフ効果です。映像に流れた男性の顔のアップは、全く表情が変わっていないのに、被験者は違う印象を持ったのです。つまり、「映像は、その前の映像に影響を受ける」のです。

エイゼンシュテインは映画『戦艦ポチョムキン』（1925年）で、その理論を実践しました。まずは、次の画像を見てください。

①

②

※シロクマの画像（前田撮影）以外は、映画『戦艦ポチョムキン』から

①は、『戦艦ポチョムキン』の映像の一部です。最初の映像には兵士が銃を構えて何

かを撃ったところが映っています。この1枚では誰を狙って撃ったのかはわかりません。2枚目の映像には女性が苦痛に顔をゆがめて後ろに倒れる様子が描かれています。1枚目と2枚目をそれぞれ単独に見ても、つながりはありません。ところがこの2枚を連続して見ると、女性が苦痛に顔をゆがめて後ろに倒れているのは、兵士が撃った銃に原因があると理解するのです。つまり兵士によって女性が撃たれたという流れを生み出すのです。

②は、兵士が銃を構えて撃っている映像の代わりに、シロクマが吠《ほ》えながらこちらに向かってくるものに変えました。この映像だけでは、シロクマが吠えながら何に向かっているのかは読み取れません。2枚目の映像は①の2枚目と全く同じものです。この場合も、1枚目と2枚目の映像がそれぞれ単独の写真であれば、ストーリーは生まれません。ところが連続して見ると、女性が苦痛の表情を見せたのは、シロクマが襲ったからだという流れが生まれるのです。

①も②も、女性が苦痛に顔をゆがめて後ろに倒れるという2枚目の映像は同じです。ところが、その前に置かれた映像の違いによって、「銃で撃たれた」「シロクマに襲われ

た」というストーリーの違いが生まれます。後ろの映像は前の映像に影響されて、そのストーリーを形づくるのです。

初期の映画は、演劇の舞台を映すように登場人物や背景が一つのフレームに入っていました。いわば箱物演劇の映像化でした。やがてフィルムをつなぎ合わせると、新しい解釈が生まれることに気づいたのです。その一つの完成形がエイゼンシュテインのモンタージュ理論でした。

映画を単純に説明すると、少しずつ動きの異なる単独の映像を連続して見せるものです。子どもの頃、ノートの隅にいたずら描きしたパラパラ漫画と同じ原理です。映画は映像が連続することによって、ストーリーや意味を生み出します。つまり、1枚1枚のシンプルな映像（フィルム）の連なりが、映画のストーリーを生み出すと言い換えることができます。

文章にも有効なモンタージュ理論

これは、文章を書く際にも応用できます。

次の③と④の文章を見てください。1文目は違いますが、2文目は同じです。

③**山道を歩いていた。**すると、後ろの方から視線を感じた。なんと猿たちが僕をジッと見ているではないか。

④**東京・銀座の町を歩いていた。**すると、後ろの方から視線を感じた。なんと猿たちが僕をジッと見ているではないか。

③④は2文目が同じです。しかしその前の文が異なるので、当然のことながらシチュエーションが変わってきます。③は、山道を歩いていると、猿がジッとこちらを見ているという状況です。宮崎駿《みやざきはやお》監督のアニメ映画『もののけ姫』で猩猩《しょうじょう》が出てくるシーンのような感じにも読めます。④は、東京の銀座の町を歩いていると猿がいた、という話です。このシチュエーションは、ニュースとして十分な価値を持ち得ます。

前に置かれた文によって、これを受ける文の意味や価値が全く変わってきます。つまり「後ろの文は、前の文の影響を受ける」のです。文章を書く際にも「モンタージュ」

が有効だということがわかります。言い換えれば、これが「文脈」なのです。「シナリオにある言語的要素を映像に置き換えて編集する」のが、映画におけるエイゼンシュテインのモンタージュ理論です。

これを模して言うなら「個人の経験にある映像的要素を言語に置き換えて編集していく」のが文章におけるモンタージュだと言えます。僕たちは、文章を映像に置き換えて理解します。抽象的な文章が難しいと感じるのは、それを映像に置き換えることが難しいからです。

旅行をした思い出は映像として記憶されているように、経験は映像として脳に刻まれています。文章は、映像化された記憶を言語に置き換えて伝える作業なのです。ここの置換がうまくできるかどうかが、文章力の差になってきます。

文脈は、前の文とそれに連なる次の文から生まれてきます。これは、前の文が同じであっても同様のことが言えます。

⑤**猫がいる。**お陰で心が癒やされる。

⑥猫がいる。しかし、近づくとパッと逃げていく。

これも「後ろの文は、前の文に影響されている」のです。「猫がいる」という文が、次の文を繋いでいきます。その展開によって「お陰で」「しかし」という接続詞を使って、後半のストーリーの違いを明確にしているのです。

⑤と⑥では、「猫がいる」という文の「いる」の意味が異なっています。「いる」は「その場所に存在する」ことを言います。ところが、⑤⑥には、場所に当たる記述がありません。そうすると、これを読んだ人の「個人の経験にある映像的要素」がそこに大きく投影されます。

たとえば、⑤は「家に猫がいる」つまり「猫を飼っている」意味になり、⑥は「路地にいる猫」をイメージするかもしれません。もちろん、⑤を「猫カフェ」、⑥を「家の猫」だと思う人もいるでしょうし、他の場所をイメージする人もいるでしょう。

実際の場所が書かれていないので、人によって「いる」の解釈はさまざまです。文脈はイメージの流れでもあります。文を読んで次に書かれることを推測しながら追っていくからです。読み手の推測をうまく繋げられないと、書き手の意図と乖離《かいり》し、誤解・誤読の元になります。文をつなぐ脈は、常に前の文を意識していかなければなりません。

文で映像を生み、残像を次の文に繋ぐ

次の例2は、黒柳徹子さんの大ヒット作『窓ぎわのトットちゃん』を題材に、僕が書いたコラムの書き出し部分です。これを使って、文章におけるモンタージュについて解説します（便宜上、文頭に番号を付けています）。

【例2】

i. 窓ぎわの最前列が、僕の特等席だった。
ii. 40人ほどの生徒が詰め込まれていた中学の教室。
iii. 特等席は教壇に立つ先生の死角になる確率の高い場所だった。
iv. 太陽の光は油膜の張った窓に小さな虹をつくる。
v. 窓に当たった雨粒は小さなジグザグを刻みながらガラスをはいおりる。

vi．校庭のイチョウの葉が不規則に揺れる。
vii．雲がゆったりと姿を変えながら流れる。
viii．窓越しに眺める景色は、自分とは異なる時の流れを歩んでいた。

「窓ぎわの最前列が、僕の特等席だった」ことをまず提示しました。『窓ぎわのトットちゃん』を題材に書いたコラムでは、ここが一番に書くべきポイントだったからです。しかし「窓ぎわの最前列」がどこを指しているのか、ここでは示していません。「僕の特等席だった」も、何をもって特等席と言っているのかが判然としません。

これを受けて、iiで「40人ほどの生徒が詰め込まれていた中学の教室」と繋ぎました。やや俯瞰《ふかん》した視点で、窓ぎわの最前列が教室だということを映像としてイメージできるようにします。

続くiiiで、特等席の意味を解き明かします。通常、教室の後ろが特等席のように思います。しかし「教壇に立つ先生」からは、最前列の両端は死角になる確率が高いのです。こうした意外性を書きました。

そしてivで「太陽の光は油膜の張った窓に小さな虹をつくる」と、次にその窓に視点を移します。ここで、先生の視線から逃れて、窓を眺めている様子が見えてきます。

続くv〜viiは、その時々、窓に映る風景を書いているだけです。しかし、ここで窓を眺めている僕の心の揺れが「ジグザクを刻みながら」「不規則に揺れる」「ゆったりと姿を変えながら」という表現で描写されます。

viiiで「窓越しに眺める景色は、自分とは異なる時の流れを歩んでいた」と、繋いでいます。ⅰの文を受けてⅱ、ⅱを受けてⅲ、ⅲを受けてiv…といった具合に文が続いています。

例2の冒頭ⅰ〜ⅲの書き方を変えてみます。

【例2－1】

40人ほどの生徒が詰め込まれた中学の教室の窓ぎわの最前列は、教壇に立つ先生の死角になる確率の高い特等席と言ってもいい。僕はいつもその特等席に座っている。

これでも文章は成立します。しかし、「40人ほどの生徒」⇓「その生徒が詰め込まれた中学の教室」⇓「その教室にある窓ぎわの最前列」という具合に、説明を重ねているため、1文目が重く、長くなります。

読みづらい文章の特徴は、①必要以上に修飾が多く長い、②何度も同じことばを繰り返して説明している、ことです。丁寧に書いたつもりが、かえってわかりにくい文章になる場合もあります。

例2は前の文のイメージを、次の文に繋げるようモンタージュを意識しました。そのため説明的な描写は可能な限り削っています。前の文を補足していく感覚です。いわば、文で映像を生み、その残像を次の文に繋ぐようにして文章を組み立てました。

文を次の文に渡すイメージです。無駄なことをできるだけ省いたので、例2-1より、文章のテンポがいいはずです。

予測がもたらす書き手と読み手の齟齬

文章を書く際にモンタージュを応用するのは、とても有効です。一方で、読み手も前の文を読んで、その先の展開を予想しながら読んでいます。読み手側もまた、モンタージュに頼って文章を読んでいるのです。そのため、推理小説などの最終盤でのどんでん返しや、伏線回収と言われる読み手の予想を超える展開は、心地よい裏切りとなってエンターテインメントを形成しています。

こうした読み手の予想は、実生活における経験・学習を通じた経験が元になっています。交差点の赤信号で僕たちが止まるのは、そのように教えられた経験があるからです。車のスピードを見て危険だと思い、ぶつかったときにどうなるかを学習します。そのため、赤信号で渡れば、車が勢いよく走ってくる危険があることを認識できるのです。常識もこうした経験・学習が植え付けられた結果、獲得したものです。南極のペンギンは人を怖れないといいます。それは、人から襲われた経験がなく、天敵だという認識がないからです。経験がないことは、その次の行動を想像するタネを持てないのです。

かつて、漫才師ツービートの「赤信号みんなで渡れば怖くない」というギャグがありました。赤信号で進むという展開は、常識とは異なります。しかし、これが多くの人に受け入れられたのは、こうした非常識の中に、交通ルールの問題にとどまらず、社会の不正についての皮肉となって、僕たちの予想を裏切る形で表現されたからです。

誤解や誤読の原因の一つは、経験の異なる読み手と書き手の齟齬《そご》が生み出していると も言えます。

読み手のモンタージュは「経験を通じて次を予測する」ことによって、文脈を読み取ることでもあります。そこで、「文脈」がもたらす書き手と読み手との解釈の齟齬について、考えていきたいと思います。

前の文を次の文に繋いでいく書き方によって、文章の「脈」をつくることは、先に見てきた通りです。ところが、文と文をつなぐ際に「経験」がいたずらを仕組んできます。

次にあげる例3は、僕が主宰しているライティングセミナー「マジ文アカデミー」に参加している受講生の作品です。この方は、大学生のときにバブル景気を経験していま す。アジア圏に旅行したときに数多くの日本の企業が進出している様子を目の当たりにし、その力強さに驚くとともに誇らしい気持ちになったという話です。次の文章は、そうしたことを背景に書いたコラムの書き出しです。

【例3】
海外旅行に行き始めたのは大学時代だ。台湾、タイ、ベトナム、フィリピン、バリなど、旅費が安いアジア圏が中心だ。**空港を出た瞬間**、目に飛び込む日本メーカーの数々の電光看板。

1文目と2文目を読むと、大学時代に旅費の安い台湾、タイ、ベトナムなどのアジア圏に出かけたということが、読み手に情報として伝わります。いわゆる学生時代の貧乏旅行の話だと思って読み始めます。2文目に出かけたという国・地域の名前が並んでいます。すると、次には「そのなかでも……」という形で、特に印象に残った国について、話が進むのではないか、と読み手は頭の隅で予想します。

ところが、これに続く3文目に「空港を出た瞬間」というフレーズが突然出てきます。これがどこの空港のことなのが、にわかに理解できません。そのため、「空港を出た」という表現が、どこかの国の入国手続きがすんで「空港から出た瞬間」を指しているのか、日本の空港を「離れた瞬間」のことを言っているのかが、わからなくなるのです。その後に「目に飛び込む日本メーカーの……」とありますが、それだけで、どこの国なのかを確定することはできません。そのため、文章の流れを見失ってしまうのです。

書き手は自分の「経験」を書いているので、頭の中では1文目から3文目までの流れは、それこそ「モンタージュ」として文脈がつながっているのです。ところが、1、2文目から3文目に入るところで、書き手と読み手の予測する文脈とがずれてしまうのです。書き手の文脈が読み手のそれに沿うよう、書き換えてみます。

【改善例3－1】

大学生のときに、旅費の安いアジア圏をよく旅した。台湾、タイ、ベトナム、フィリピン、バリなど行く先々で、**日本の力強さを目の当たりにした。空港から市街地に向かうバスの中から**日本メーカーの巨大広告が目に飛び込んでくる。

まず「大学生のときに、旅費の安いアジア圏をよく旅した」と書いて、読み手に全体状況を伝えます。ここで読み手は、旅費の安いアジア圏について思いを巡らします。その流れに沿って、次に具体的な国・地域を示し「行く先々で、日本の力強さを目の当たりにした」という状況を伝えます。「行く先々で」を加えることによって、アジア圏に共通する話であることが読み手に伝わります。

その流れに沿うように、次に「日本の力強さ」について書いていきます。それが、「空港から市街地に向かうバスの中から日本メーカーの巨大広告が目に飛び込んでくる」という具体的な説明です。これによって、読み手は映像として内容を把握できるようになります。

こうした流れであれば、読み手の予測を大きく外すことなく、書き手の伝えたい内容を繋いでいくことができます。これが、前の文と後ろの文を導く「脈」なのです。

文章は、文の連なりで構成されます。文と文の連なりに齟齬が生じると思わぬ方向に進み、内容がスムーズに伝わらなくなります。これが、誤読・誤解の要因となります。

そのため、「簡潔な文を書いて、それを組み立てて文章にする」意識が必要になります。「文章を書く」という意識だと、気持ちが先走って筆が追いつかなくなったり、書きたい内容が膨れ上がって収拾が付かなくなったりしがちです。要素ごとに簡潔に書いた文を組み立てるという意識に変えると、全体の文章のイメージを描きつつ、たどるべきルートを確認しやすくなります。

文章を組み立てる際に、イメージを正しく伝えるように文と文をジョイントしていくようにします。このつなぎ目がスムーズになるようモンタージュを利用します。前の文と後ろの文の内容・イメージが飛躍しすぎないよう「編集」するということです。改善例3-1は、先に書いた「個人の経験にある映像的要素を言語に置き換えて編集していく」ことを意識して書き直したものです。

論理的な文章を書くことは、僕たちの共通の理解だと思います。しかし、それは漠然とした理解にとどまっているのが実情です。見てきたように、読み手は文脈を頭の中で組み立てながら読んでいきます。

それは書き手の経験を、読み手の経験による論理を頼りに理解しようとする試みでもあります。その際に、文脈がうまく繋がっていなかったり理解しづらかったりすると、読み手が想像する論理から大きくそれてしまうことになります。

読み手が想定する論理を裏切ることは、書き手の醍醐《だいご》味《み》でもあります。しかし、そこに至る説明を丁寧に綴《つづ》っていかないと、誰にも理解されない独りよがりの文章になってしまうのです。

以上が、文章構造のルールです。ここからは、文章構造のルールを支えるポイントについて、説明していきます。

「起承転結」の呪縛

「骨」を書いて「肉」を付け、「脈」を繋いで文章を組み立てるということについて説明してきました。とはいえ、いきなり「骨」を書くというのは難しいのかもしれません。実は、その妨げになっているのが「起承転結」です。文章の構成を端的に言い表したものとして知られています。ところが、これが文章を書く際の呪縛になっているのです。それは、起承転結の「起」と「結」にあります。

起承転結は、元々、漢詩の絶句の句の並べ方を言ったものです。起句でうたい起こし、承句でこれを承《う》け、転句で趣を転じ、結句で結ぶという形式です。それが、小説・随筆・日記・論文・手紙などに用いられる文章（散文）にも応用されました。

ところがいつの間にか「起」を「前置き」、「結」を「結論」とする考え方が浸透しました。しかし、そもそも漢詩には前置きも結論もありません。「起」はうたい起こしで、「結」は単なる「結び」なのです。「起承転結」は「起承転合」とも言います。ここでの「合」は「結び付く」という意味です。「結論」ではないのです。

もちろん、論文などを書くときには仮説を立てて、それに基づいて一つひとつ検証する過程が重要になり、それを順に書いていく必要があります。そのため、「肉」に当たる部分をたっぷり書いてから「ゆえに……」と、最後に結論としての「骨」を導き出す演繹《えんえき》的な書き方が多くなるのです。「A＝B　B＝C　ゆえにA＝C」という具合です。そのため、論文の書き出しに内容・論文の目的を明示する「前書き」をつけることが一つのフォーマットになっています。

「前置き」は必要ない

学生時代に書く文章の多くは、リポートや論文です。そこで「起承転結」という呪いをかけられ、それ以外に文章の書き方がわからなくなっているのです。この時に、なぜか「起」が「前書き」や「前置き」に、「結」が「結論」だというふうにすり込まれてしまうのです。

論文やリポートの類いなら、それでもいいのです。しかし、企画書など会社に提出する文書や、メール、通常、僕たちが書く文章のほとんどは「前置き」や「結論」を必要としていません。

ここで、大学の講義で書いてもらった文章を見ていこうと思います。自己紹介文を200字で書くという課題です。


【例4】


自己紹介を書くという課題が出たので、それについて書いていこうと思う。

まず、自分の長所について述べていく。自分は小学校から野球を続けていたため、忍耐強くどんなことにも前向きに取り組むことができるのが長所である。次に自分の短所について述べる。忍耐強いがゆえに我慢をしすぎて突然、切れることがある。以上のことから、自分は忍耐強さを切れることなく、最後まで持続することが大事だと考える。

以上、自己紹介を述べた。

200字にはなっているのですが、ほとんど中身がありません。「自己紹介を書くという課題が出たので、それについて書いていこうと思う」という、論文の「前書き」を模した「前置き」から始まります。書籍や論文の「前書き」のように、本文を書くにあたっての目的やその内容を案内するものではありません。与えられた課題を復唱しているだけです。これは「前書き」ではなく「前置き」なのです。

そして「まず、自分の長所について述べていく」「次に自分の短所について述べる」「以上のことから」と続き、最後に「以上、自己紹介を述べた」を結びとしています。一つひとつのパートごとに前置きを書いていくため、内容に割くべき字数が減ります。具体的なエピソードに触れることもなく、結局伝えるべき内容がほとんどないまま、字数合わせだけの文章が仕上がってしまうのです。

極端な例だと思われるかもしれません。しかし業務連絡や企画書など、一般的な文章でも、延々と経過を書いて、結局、何が言いたいのかが読み手に伝わらず、気持ちを動かすことができないことが多いのです。つまり文章が情報になりきれないのです。

もう一つ、僕たちが犯しがちな「前置き」の例を見ていこうと思います。

【例5】

お弁当というと、登山遠足で母がつくってくれたいなり寿司を思い出す。母は前日の夜から油揚げを甘辛のたれで煮込んで下ごしらえをする。そして朝暗いうちに起きて、シイタケやタケノコが入った酢飯を作り、下ごしらえした油揚げにつめるのだ。30年以上前の小学1年生のときのことだ。登山遠足で山頂に着くとお弁当を広げる。疲れた体に、いなり寿司の優しい甘さが満ちてくるのだった。（179字）

書き出しの「お弁当というと、登山遠足で母がつくってくれたいなり寿司を思い出す」が、前置きです。「お弁当」というお題を出すと「お弁当というと～を思い出す」と書いてしまいがちです。「春」というお題だと「春というと、満開の桜を思い出す」と書き、「冬」なら「冬というと、雪が降り積もるふるさとの情景を思い出す」などのように書くのです。「○○というと～を思い出す」は、何にでも使えるのです。

しかし、ほとんどの場合、何かを「思い出す」から文章を書くのです。自明のことを限られた字数のなかで、あえて書く必要はありません。

例5で、一番言いたいこと（骨）が「小学1年の登山遠足で食べた母のいなり寿司がおいしかったこと」であれば、それをまず文の前に出すようにします。その後に、母がつくってくれた様子などの「説明＝肉」を付け加えていけばいいのです。以上を踏まえて書き換えてみます。

【改善例5－1】

小学1年の登山遠足のことだ。山頂に着いてお弁当を広げる。疲れた体にいなり寿司の優しい甘さが満ちる。母は、前の晩から油揚げを甘辛のたれで煮込む。当日暗いうちに起きて、シイタケやタケノコが入った酢飯を作り、その油揚げにつめるのだ。30年以上前のことだ。（123字）

書き出しの三つの文で、伝えるべき「骨」の部分を言い切ります。

・小学1年の登山遠足のことだ。
・山頂に着いてお弁当を広げる。
・疲れた体にいなり寿司の優しい甘さが満ちる。

といった具合に、短い文を重ねます。ここには、何も難しい言い回しや複雑な修飾もありません。それでも、山頂でお弁当を広げた情景は伝わるのではないでしょうか。

その後に、次に母がつくってくれた「説明＝肉」を記すという流れで組み立てます。ここもできるだけ簡潔に書くように意識します。「肉」に当たる部分を抜粋します。

【例5】

母は前日の夜から油揚げを甘辛のたれで煮込んで下ごしらえをする。そして朝暗いうちに起きて、シイタケやタケノコが入った酢飯を作り、下ごしらえした油揚げにつめるのだ。

【改善例5－1】

母は、前の晩から油揚げを甘辛のたれで煮込む。当日暗いうちに起きて、シイタケやタケノコが入った酢飯を作り、その油揚げにつめるのだ。

#1.「前日の夜から」⇓「前の晩から」
#2.「煮込んで下ごしらえする」⇓「煮込む」
#3.「そして朝暗いうちに起きて」⇓「当日暗いうちに起きて」
#4.「下ごしらえした油揚げに」⇓「その油揚げに」

矢印の上が例5、下が改善例5－1です。

#1は「前日の夜」を「前の晩」とします。先に登山遠足でお弁当を広げたことが書かれているので、「前日の」としなくてもわかるからです。

#2の「油揚げを甘辛のたれで煮込む」はこの場合、「下ごしらえ」に決まっているので、この部分を省略します。

＃3は「そして」という接続詞を省略し、「当日」とします。接続詞は前後の文の関係を明らかにする作用があります。しかしこの場合、前の文に「前日」とあるので、それを受けて「当日」とします。その後の「暗いうちに」は文章の流れから「夜」だということにはなりません。

＃4は「下ごしらえ」を「その」という指示語に委ねます。例5では＃2と＃4に「下ごしらえ」ということばが2度使われています。改善例5－1では、そのことばを全て省略しました。

極力、一つひとつのことばを研ぎ澄ませていきます。必要なことばを際立たせるために、不必要なことばを削り込みます。30年ぶりの同窓会などの記念文集なら、改善例5－1にある最後の一文「30年以上前のことだ」は、周知のことなので省いても問題ありません。

179字の文章が123字となり、56文字削れました。わずか56字だと思われるかもしれません。しかし、これは179字の約31％に当たります。単純計算で言うと、2000字の原稿であれば約620字に相当する字数です。これだけあれば、更にエピソードを加えて内容を掘り下げることができます。決してばかにならない数字です。

一番伝えたい「骨」の部分を前に出すことにより文章の無駄が省け、余裕が持てた分でより詳しい内容に作り変えることができます。つまり、同じ字数でも情報量に差が出てくるのです。先の自己紹介文と併せ、情報の密度の違いを見てください。

「結論」は必要ない

次に、「結」の在り方について、見ていこうと思います。

僕が主宰しているライティングセミナーでは、文章を書く際の「常識」を壊していく作業を繰り返します。次の文章も、受講生の作品の初稿です。便宜上、該当部分に「起承転結」を記しました。「転」と「結」に注目してください。

【例6】タイトル「無自覚の核」

［起］大きな窓に囲まれた広いオフィスで、コーヒーを片手に窓際のデスクに座り、パソコンを見つめるジャケットを着た後ろ姿の女性。**この情景には、私の「働く」が詰まっ**

ている。

［承］20年前、不況が続く中たまたま決めた進路は看護師になることだった。気が付いたら白衣姿で、輝く東京タワーを横目に病棟を駆け回っていた。しかし白衣を着た自分は、場違いなパーティーに一人で参加しているようで心地が悪かった。それなりにお給料がもらえても効力感のない日々が、21歳の私にとってはむず痒《がゆ》かった。

［転］何年も模索し、いざ会社員になってパソコンに向かって働いてみたところ、これが納得して働くことかと膝を打った。**私の光は、あの働く女性の姿だった。**やり過ごしているようでも、**人は追い求めたい核を持っている。**

［結］回り道をし、様々な手段を選択するからこそ核にたどり着けるし、**「次の核」が見付かる。**そうやって、日常に埋もれる**無自覚の核を追い求めていきたい。**

「無自覚の核」というタイトルが、難しい。とはいえ「起」の書き方は魅力的です。「この情景には、私の「働く」が詰まっている」という表現から、筆者の働くイメージが映像として浮かんできます。無機質なタイトルと書き出しのギャップが、どう結び付いていくのかが楽しみでもあります。

「承」では、看護師として勤めたものの「場違いなパーティーに一人で参加しているようで心地が悪かった」とあります。この表現によって、書き手のやるせない気持ちが浮かび上がります。

「転」は「承」を受けて、会社員として転職し、これが「納得して働くことかと膝を打った」と、成功したことを伝えています。ところが、次の「私の光は、あの働く女性の姿だった」という表現が概念的です。「光」が何を象徴しているのかがわからないからです。「起」のパソコンに向かう女性を「私の光」としているのかもしれません。

この辺から書き手のイメージと読み手のイメージがずれ始め、書き手は独自ワールドに潜り込んでいきます。そうすると、読み手は書き手の意識から距離を取り始めます。モンタージュのズレが生じるのです。

さらに「人は追い求めたい核を持っている」と、急に概念的なことばが出てきます。これが「結」への布石です。結論へ導こうとする意識が、普段の生活の中では使うことがないような難しいことばを急に持ち出してしまうのです。

「結」では「様々な手段を選択するからこそ核にたどり着ける」「「次の核」が見付かる」「日常に埋もれる無自覚の核」など、難しい言い回しを使って、どんどん概念化がバージョンアップしてきます。

この文章では、

①看護師をしていることに、「場違いなパーティーに一人で参加している」ような居心地の悪さがあって転職をした。
②転職先での仕事がピタリとはまり納得できた。この感覚を大切にして働きたい。

ということが言いたいはずです。であれば、形而上的《けいじじょう》な結論は必要ないのです。折角書き出しが魅力的なので、具体的なことを書いた方が、読み手を引き付けるはずです。講座では、こうしたところを一つひとつ説明したうえで、「起」と「承」はそのままにして、「転」と「結」の部分を書き直してもらいました。それが次の再稿です。

【改善例6－1】タイトル「パソコンに向かう女性」

［起］大きな窓に囲まれた広いオフィス。ジャケットを着てコーヒーを片手に、窓際のデスクでパソコン画面を見つめている女性。この情景には、私の「働く」が詰まっている。

［承］20年前、たまたま決めた進路は看護師になることだった。気が付いたら白衣姿で、輝く東京タワーを横目に病棟を駆け回っていた。しかし白衣を着た自分は、場違いなパーティーに一人で参加しているように心地が悪かった。それなりにお給料がもらえても、21歳の私にとっては耐え難い違和感だった。

［転］何年も模索し、いざ会社員に転職してパソコンに向かって働いてみたところ、こういうことかと膝を打った。私が納得して働くために必要だったのは、**あの女性になることだったのだ。**決まった時間と曜日に机に向かって働くこと。**いわゆる「普通」になりたかったことに気が付いた。普通になることで自分への違和感は一切なくなった。**

［結］**コーヒーを美味《おい》しく感じられるようになったのは、そういうことなのだ。**

タイトルが「パソコンに向かう女性」に変わりました。これは、筆者自身が具体的に伝えるべきイメージがしっかりできたことによります。

［転］では「私の光は、あの働く女性の姿だった」の部分が、「私が納得して働くために必要だったのは、あの女性になることだった」に修正されました。「光」という抽象的なことばが、書き手の素直なことばで言い換えられました。これにより、「起」の内容を受けたものであることがはっきりします。［起］と［転］のジョイントがスムーズになりました。

そして「「普通」になりたかったことに気が付いた」「普通になることで自分への違和感は一切なくなった」と続きます。ここでは、看護師の仕事環境が一般のそれとは違うことが、書かれていませんが、それまでの生活が「普通」でなかったことはイメージできます。タイトルが「パソコンに向かう女性」である理由も、明確になります。

［結］は「**コーヒーを美味しく感じられるようになったのは、そういうことなのだ**」に変わりました。「結論」ではなく「結び」であることを意識したため、難しい言い回しが消えました。［起］で提示された「コーヒー」が、「美味しく感じられるようになった」という具体的な表現となって、納得のいく働き方のイメージにシンクロされています。

「起承転結」というあまりにもよく知られた文章構成の方法も、「起」と「結」の捉え方を変えるだけで、文章の組み立て方が変わってきます。それは、視点の置き方の変化でもあります。先に言語化は書き手の「思い」を表現することだ、と書きました。それは、頭の中に浮かぶ思いの映像的要素を言語に置き換えて編集する作業でもあります。間違った型に押し込めると、折角のイメージや感覚に蓋《ふた》をして、具体的なことばを失うことになるのです。そして抽象的、概念的なことばに頼ることになります。こうしたことばは、個々の持つ感覚が異なるため、書き手と読み手の間で誤解を生じさせることになります。

具体的なことばを使って、書き手の意図を端的に伝えることが何よりも大切なのです。

第六章　究極の文章はとてもシンプルだ

答えはいまだに出ていない

僕が文章を書く時に意識していることを三つお伝えします。恐らく、ありとあらゆる文章作法の本をギューッと凝縮すると、必ず行き着く究極の文章作法です。

1. 自分にしか書けないことを、誰にでもわかる文章で書くこと。
2. 一文は短く、自信を持って書くこと。
3. 無駄なことばは、全て削ること。

たった、これだけです。「究極の」と言った割には、当たり前すぎて気が抜けた人がいるかもしれませんね。僕は新聞社に勤めていたころ、連載やコラムを10年ほど書いてきました。いまも毎日、こうして文章に向かっています。そこで見つけたこの「究極」

は、いまだに僕を翻弄し続けています。掘り下げても掘り下げても、そう簡単に答えは見つかりません。

そう、単純なことほど、複雑なのです。

書店のビジネス書コーナーを覗《のぞ》いてみてください。棚にはずらーっと、文章作法の本が並んでいます。毎年、新しい本が出版され、しかも結構売れています。文章作法は、困りごと解決ビジネスの一つにもなっているほどです。しかし、よくよく見れば、こうした本は、先に示した三つの内容をさまざまな角度から解説し、マスターするためのアプローチを書いているにすぎません。

その証拠に、「誰にも理解できないよう複雑な文章を書こう」とか「一文は長ければ長いほどいい。自信のない書き方をしよう」とか「余分なことばを重ねてコテコテの文章をつくろう」などと書いている本は一冊もありません。

これだけで文章が書けるというハウツー本が一冊あれば、僕たちの悩みはとっくに解消されているはずです。

ちょっと大げさに言うと、哲学と同じです。ギリシャ時代からずっと「人間の本質とは何か」を追求しているにもかかわらず、いまだに答えが出ていないのです。ソクラテスが「無知の知」とか「汝《なんじ》自身を知れ」などと言っても、それで人間の本質が解明されたわけではありません。その時代時代に、さまざまな哲学者が何とかヒントを見つけて自説を発表しているものの、解決されてはいないのです。それでも、いまもその答えを探す旅を続けているのです。

文章だって同じです。「究極の文章作法」も一つの仮説に過ぎません。

1は、作家・劇作家の井上ひさしのことばです。「これができたら、プロ中のプロ。ほとんどノーベル賞に近いですよ」と続けています。まさにプロ中のプロがこう言っているのです。つまり、答えのない答えをずっと考え続けなくてはならない課題なのです。「そんなことに付き合っている暇なんかないよ」と思ったあなた。大丈夫です。餅は餅屋です。文章を生業にした僕が考えたことをお伝えします。ですから「こんなことで文章が書けるわけがない」とか「これで文章がうまくなれるわけないでしょ」などと言わず、その中から「これは使える」と思ったことだけをうまく使ってください。

あなたのエピソードを書くということ

1で言う「自分にしか書けないこと」とは、エピソードです。

あなたが友達と、旅行に行ったとします。「よかった」という感想を持ったとしても、それぞれ「よかった」と思う内容は違うはずです。友達が風景に感動したとしても、あなたは旅館の食事に感動したかもしれません。それでも感想を聞かれれば「よかった」ということばに集約されるのです。

ポイントはここです。「よかった」と書けば、取り敢えずの状況は説明できます。これでは、あなたと友達のことばが同じになってしまいます。ところが、あなたが「よかった」と思ったところと友達が「よかった」と思うところは違うはずです。そのエピソードを書けば、友達とは違う「あなたにしか書けないこと」が書けるはずです。

あなたが経験したことは、「よかった」「楽しかった」「悲しかった」という単純な形容で収まるはずがありません。経験したことこそが、他の人とは異なるあなた自身の歴史です。その歴史はエピソードで彩られています。「あなたにしか書けないこと」とは、あなたのエピソードを書くということなのです。

こう書くと「それはエッセイとかコラムの話でしょ、会社の業務で使う文書には使えない」という人が必ず出てきます。本当にそうでしょうか。確かに会議録をまとめるときに、あなたのエピソードはいらないかもしれません。録音したものを原稿にするだけなら、それこそＣｈａｔＧＰＴなどの生成ＡＩに任せればいいのです。

ところが、企画書や報告書などには、あなたの視点や考えが加わります。何を課題だと思い、それをどう解決しようとするのかは、あなたという個人のエピソードに紐付《ひもづ》いているはずです。部下の人事評価を書くときにも、あなたの意見が反映されます。

無駄なことばを削ることは必要なことばを残すこと

2と3は、米国の作家へミングウェイが新聞記者時代に、教わった記事の書き方の一つです。2のポイントは「文を短く」です。「文章を短く」ではありません。ここを勘違いしないようにしましょう。文章はある程度長くないと必要なことが伝わりません。その土台になるものが「文」です。文が短いと主語と述語の関係が明確になるからです。

日本語は主語がなくても通じる言語です。だからこそ、その文の主語を意識して書かないと、文脈が迷走して話がつながっていかないのです。

「自信を持って書く」ことも重要です。いまは人を傷つけまいと、婉曲《えんきょく》に話をもっていくのが言語表現のトレンドです。そのため「〜ではないでしょうか」「そんなふうに思われることもあるのではないだろうか」というような書き方が増えて、自信を持って言いきることが少なくなっています。曖昧な表現では自分の考えを明確に伝えることができません。人を傷つけることと、言いたいことをはっきり伝えることとは違います。ここをはき違えないようにしたいと思います。

自信をもって言いきるには裏付けが必要になります。たとえば「リンゴが2、3個あった」というより「リンゴが2個あった」と書いた方が、明確です。ところが、断定して言いきるには、実際に2個あったことを確認しなければなりません。裏付けがないと、間違った文章になります。このわずかな差が文章の信頼性を増すのです。

3の「無駄なことば」は、全て削ること」が、一番難しいかもしれません。誰もが無駄なことばを使って文章を書いているとは思っていないからです。ところが、同じ内容を何度も書いていたり、エビデンスもなく内容もほとんどないのに、字数を稼ぐために回りくどい表現を繰り返したりするのです。

米国の劇作家のニール・サイモンは「舞台の上に無駄な登場人物を置いてはいけない」という趣旨のことを言っています。登場人物は、劇の中で何かしら意味があるものでなければならない、ということなのです。無駄なことばを削る、ということは、必要なことばを残すということです。無駄なことばは、意味を持たないのです。ことばも登場人物も、生きてこそ、その価値が生まれます。

文章において無駄なことばを削るという作業は、ことばに価値を吹き込むことに他ならないのです。

以上が「究極の文章作法」の概略です。少し具体的に見ていこうと思います。

書くなら肉まんよりミルフィーユにしよう

「肉まんよりミルフィーユ」。これは文を短く書くコツを、食べ物にたとえたものです。おやつに食べるものとしては甲乙付けがたいのですが、文章を書くなら断然ミルフィーユの方が「おいしい」のです。

肉まんには美味しい具が詰まっています。しかし、具の中身をすぐに言い当てられますか？　恐らく、挽肉《ひきにく》、玉ねぎ、シイタケ……。しかし、いままでに肉まんを解体して具の中身を調べた人はほとんどいないでしょう。僕たちは、何が入っているのかがわからないまま、美味しいと言って食べているのです。

つまり、肉まんとは一つの文にたくさんの要素（＝具）を詰め込んだ文と同じ構造なのです。肉まんのように、一文にぎっしりたくさんの要素が詰まった文章を読まされたら、まず理解できないはずです。それは要素が多すぎて、それぞれが果たすべき役割がはっきりしないからです。肉まんのような文を書くには、よほどの力量がないと難しいのです。

ミルフィーユはフランス由来のお菓子です。ミルはフランス語で１０００、フィーユは葉っぱのことです。１０００枚の葉を重ねたお菓子という意味です。

構造は単純で、パイ生地と生クリームが相互に重なり合ってできています。イチゴが挟まったものもありますが、とてもシンプルです。一層の要素が基本的にパイかクリーム以外にないからです。イチゴが加わったとしても、肉まんのようにそれらが渾然一体《こんぜんいったい》となることはありません。それぞれの役割がはっきりしています。

パイとクリームをうすく重ねたミルフィーユは、一つの要素でつくった短い文を重ねてつくられたわかりやすい文章のようです。

ここでクイズです。次の二つの文は、肉まん、ミルフィーユのどちらだと思いますか？

1．日照りが続いており、水不足が心配だ。
2．今年の夏は暑く、熱中症が増えている。

この二つの例は、ともに肉まんなのです。文自体が短いので、大きな混乱はありません。それでも文の構造としては肉まんそのものなのです。1も2もそれぞれ二つの文（要素）がつながってできています。

1．日照りが続いている　＋　水不足が心配だ

2. 今年の夏は暑い　＋　熱中症が増えている

1は「いる」が「おり」に、2は「暑い」が「暑く」に、動詞や形容詞を変化させて、二つの文をつないでいます。そのため文の前後で、主語と述語が二つずつ使われていることがわかると思います。こうした用法を中止法と言います。中止法については、第四章で詳しく説明したので、ここでは割愛します。

1も2も、連用形を使っていったん文をとめて、次をつないでいます。当然、一文が長くなります。ところが、

1. 日照りが続いている。だから、水不足が心配だ。
2. 今年の夏は暑い。そのため、熱中症が増えている。

というように、前の文を終止形にし、後ろの文を接続詞でつなげば、一つの文は短くなります。肉まんのような文はいったん分割して、要素をわかりやすく整理すればいい

のです。

第四章で「文構造のルール」を見てきました。それは、肉まん構造の文をミルフィーユ構造の文に作り変える作業でもあったのです。肉まん構造の文は、同じことばを繰り返したり、抽象的・概念的なことばを使ったりして複雑になりがちです。簡潔な文にするため小さな要素を積み重ねる感覚で書く。これが、ミルフィーユの書き方です。

文章は高級ブランド店よりコンビニの棚を目指せ

第三章で示した「動物園でライオンを見てがっかりした」を帰結点とした文章は、決して悪い書き方ではありません。帰結点に向かって順番に説明していく方法は、A＝B、B＝C、ゆえにA＝Cというふうに、結論を導くための手順を一つひとつ踏んでいく書き方です。論文やリポートなどの書き方に似て、演繹《えんえき》的です。僕たちは、学生時代にこうした書き方を自然と身につけて、それをビジネスの場でも使っています。使い慣れているので、比較的馴染《なじ》みのある書き方です。

一方、第五章で改善例1として示した文章は、すべての文が「白いライオン」というテーマを貫いていて、どの文も白いライオンについての説明になっています。帰納的とも言える書き方です。

視点を変えて、演繹的な書き方と帰納的な書き方を考えてみます。

繁華街にある有名ブランドの路面店は、入り口にガードが立っていて、一種の威圧感があります。入店すると上の階の個室に招かれ、高級な飲み物などが提供されます。そして、客の要望を聞いて、バックヤードから品物を出してきます。その時は客の要望の品と共に、ややグレードの高い品を並べて見せます。すると、客はグレードの高い品に目を奪われます。丁寧な接客と会話でさりげなく提供することによって、客は当初求めていたものより高価なものを手にするのです。客の要望を聞きながら、一つひとつ客に商品を示しながら、要望に見合う最高の品（高額商品）に誘導するのです。

当然、客に不満のあろうはずもなく、むしろ大満足で店を後にします。こうした販売手法には相当なテクニックと経験が必要です。これはAよりB、BよりCというように、一つの商品から、他の商品に意義や価値を押し広めていく演繹的な売り方と言えます。

ところが、コンビニの売り方はこれとは全くことなります。ここでは、棚が勝負です。

商品を目立つところに置いて、いかに客の興味・関心を引き、買ってもらうかにかかっています。お茶が入っている冷蔵ケースには、さまざまなブランドのお茶がぎっしり詰まっています。どれを選んでもお茶であることには変わりありません。そのなかで、客が手にしやすい場所をいかに確保できるかが、営業の腕の見せどころです。

客は、手に取りやすい場所にたくさん置いてある商品が売れ筋だと認識します。すると、よほどのこだわりがない限り、自然にその商品を手に取る確立が高くなります。コンビニでの販売は、一番目立つ場所の争奪でもあります。これは、個々のブランドが集まった商品の中から、そこに共通する品質、美味《おい》しさを取り出し、一般的によく売れている商品を導き出す、帰納的な販売方法とも言えるのです。

有名ブランド店とコンビニの販売方法を文章に置き換えて考えてみます。

演繹的な書き方は、一つの事柄から、他の事柄に意義を押し広めて述べ、最後に帰結させます。つまり、有名ブランドの接客同様、最後まで読み手を引き付けて満足させなければなりません。途中で読み手を離脱させない、相当な筆力が必要になります。

帰納的な文章は、個々の要素が集まった文の中から、そこに共通する内容を取り出して提示します。つまり、どこを切り出しても共通する要素について書かれているということです。その要素の中でも一番伝えたいことを目立つところに記述します。これは、コンビニの販売方法とほぼ同じ手法です。コンビニは、目立つ場所に商品を置くことが販売手法でした。

文章で一番目立つ場所は、書き出しです。そこに伝えたい要素を提示するようにします。書き出しに据えるのが難しければ、できるだけ前の方に書くことを意識します。言い方を変えれば、先行逃げ切りです。たとえ最後にバテたとしても、伝えるべきことは、既に書いているので、安心してゴールにたどり着けます。

伝統的に抱えた「心理的共感」の壁

ところが、こうした帰納的な書き方は、少しばかり勇気がいります。本文に入る前に、助走をつけないと不安になるからです。この助走が前置きです。これが心理的な壁になっている気がします。たとえば、企業から送られてくる案内には、

拝啓　時下ますますご清祥のこととお慶び申し上げます。
平素は弊社につきまして格別のご高配を賜り、厚く御礼申し上げます。
さて、……

といった文言が入ります。こうした前置きがあって、「さて、……」で本文が始まります。メールでも、「いつも大変お世話になっております」を付けるのがビジネスメールでのマナーのようになっています。初めてのメールにもかかわらず「いつも……」と書かれても、首を傾げてしまいます。

ヴィットリオ・デ・シーカ監督の映画『ひまわり』（1970年）では、海岸で知り合ったジョバンナ（ソフィア・ローレン）とアントニオ（マルチェロ・マストロヤンニ）が、一気に恋に落ちます。恋に落ちる前の二人のエピソードや馴れ初めは描かれず、恋に落ちたところから物語が始まるのです。ところが、日本の場合は、馴れ初めと道行きを描き、そこにドラマを見いだすパターンが多いのです。

浄瑠璃の心中物『曾根崎心中』（近松門左衛門・作）は、男女が寄り添い死出の道を歩きながら、現世の無常を恨み、来世での邂逅《かいこう》を約束する姿に、得も言われぬ世の不条理を表現しました。

戦後大ヒットしたラジオドラマ『君の名は』（菊田一夫・作）は、東京大空襲の混乱のなか、偶然出会った真知子と春樹が、銀座・数寄屋橋で再会を約束するもなかなか会えないすれ違い劇が話題となりました。戦時中の混沌《こんとん》をすれ違い劇の中に重ねて見ていたのかもしれません。テレビでも、1時間の枠の多くを新人刑事がひたすら走るという演出のドラマがありました。

こうした演出を否定しているわけではありません。しかし、こうした表現方法を見ていると「何かが起こる前の心理的な共感」が伝統的に身についているのではないか、と思ってしまうのです。最近のドラマ手法はかなり変化してきました。しかし、文章においては、前置きを抜きにして本文・本論から書き始めることへの心理的抵抗が強いように思います。

演繹的な文章の方が帰納的な文章より心理的に安心して、書きやすいのかもしれません。それでも、帰納的な文章が書けるようになると、端的にわかりやすい文章を提供する一つの方法となり、表現の幅が広がります。

最後の一文は削ろう

次の例を見てください。

【例1】

娘は人見知りで、近所の人に声を掛けられるだけで泣き出してしまう。このまま幼稚園に通えるのだろうか、とずっと心配していた。

ところが、先生方や娘の友達、保護者のみなさんのおかげで、次第に娘も人見知りがなくなってきた。

卒園の日、娘は「幼稚園、楽しかったね。小学校楽しみだなあ」と言った。こんな日が来るなんて、入園時には想像もできなかった。○○幼稚園ありがとう。

200字足らずの愛らしい文章です。こうした書き方が悪いと言うつもりはありません。ここでは「結」を考えるために示した例です。最後の段落が「結」に相当するものです。そこに、「○○幼稚園ありがとう」ということばがあります。ここにいたる文章は、この一言に集約されます。これは、誰の視点で書かれたのかというと、娘の保護者です。ところが、この文章のなかには、他に重要なキーフレーズが潜んでいます。「ありがとう」と書くことによって、そのキーフレーズが霞《かす》んでしまっているのです。

そのキーフレーズこそが、「幼稚園、楽しかったね。小学校楽しみだなあ」という娘の一言です。ここに、娘が幼稚園で過ごした間の成長がギュッと詰まっています。これを「結び」にすれば、「ありがとう」などのことばは、もはや不要です。ただしその際、一工夫必要です。最後の段落を書き換えてみます。

【例1】

卒園の日、娘は「幼稚園、楽しかったね。小学校楽しみだなあ」と言った。こんな日が来るなんて、入園時には想像もできなかった。○○幼稚園ありがとう。

【改善例1】

卒園の日、娘は言った。「幼稚園、楽しかったね。小学校楽しみだなあ」

違いがわかりますか？

改善例1では、まず例1の「こんな日が来るなんて」以降を削りました。そして、カギ括弧の中にある娘のことばを独立させて、二つに分けました。

例1では、娘のことばが一文の中に紛れ込んでいるので、それがキーフレーズであることに気づきにくいのです。ところが、改善例1では台詞《せりふ》部分を外に出したことによって、キーフレーズであることがはっきりするのです。

これは、単に視覚的な効果だけを狙ったものではありません。例1と、改善例1を声に出して読みくらべてください。例1は、何の引っかかりもなくスーッと読めると思います。一方、改善例1では「卒園の日、娘は言った」の後、一拍おいて、娘の台詞を読むはずです。この間が、キーフレーズとしての意味を持たせることになるのです。

重要な台詞を話すときは、必ず、その前で間をおいて溜《た》めをつくります。文章にも

「間」が必要です。そのため、読み手がキーフレーズであることに気づくよう、その部分を独立させるのです。そうすると、娘の台詞がキーフレーズとして意味を持ち、そこで終わることで余韻を持たせることができます。その余韻が、そこまでの流れをまとめて結びつけてくれます。

最後まで、エピソードを書いていけば、読み手が自然にその世界観を醸成し、文字を映像化してくれるのです。僕たちは、文字で描かれたものを映像化しながらストーリーを追っていきます。そのため、「こんな日が来るなんて、入園時には想像もできなかった。○○幼稚園ありがとう」などという収まりのいい文章を書かなくても、「キーフレーズ」をうまく配置するだけで、娘と母の感謝や希望といった情感を受け取ることができます。

それでも、もう一押ししたいというなら「ありがとう」という直接的なことばではなく、卒園の日の情景を一文、改善例の後に付け加えればいいのです。

【改善例2】

卒園の日、娘は言った。「幼稚園、楽しかったね。小学校楽しみだなあ」
園庭の桜の花芽が膨らんでいた。

こんな一文を加えると、卒園して、満開の時期に迎える小学校の入学式の情景が、希望ということばを伴って映像として浮かんできます。

これは俳人の正岡子規が唱えた「写生説」を模した手法です。「写生説」は、俳句や短歌などをつくる際に、絵画のスケッチと同じように、実際の風景をありのままに写し取る方法論です。夏目漱石が散文にも取り入れたと言われています。

「園庭の桜の花芽が膨らんでいた」という一文だけを取り出しても、そこに特段の感情は生まれません。ところが、そこにいたる文章の流れを汲《く》んだうえで、この一文を読むと、自然に感情が生み出されるのです。

改善例2では、台詞を話す娘をアップで捉えた後、スーッと、桜の花芽の高さまでカメラが引いていきます。そして、膨らんだ花芽をアップにした園庭を、母娘が門に向かって歩く姿が、映像として浮かんできます。つまり、感情を表す直接的なことばを用意しなくても、心象風景は表現できるのです。

とはいえ、改善例2で加えた一文は、屋上屋を架す感があります。娘の台詞をキーフレーズとして終わればいいので、あえて付け加える必要はありません。余韻を残す方法の一つは、足し算より引き算です。さまざまな要素を付け加えるほど、焦点がぼけてきます。引き算をして削り込んだ方が、ことばが際立ってくるからです。

起承転結の「結」を「結論」だと思うのは、いつの間にか植え付けられた「常識」です。しかしその常識が、文章の自由を奪う呪文のようになっているのです。「結」は単なる「結び」です。最後までエピソードを書いていけば、結論という縛りから自由になります。この感覚を養っていくようにすれば、文章の悪しきパターンから抜け出すことができます。

第七章　なぜ文章を書くのか

文章と文書の違い

企業や自治体で広報文の書き方や直し方の研修やコンサルをしていると、「文章をもっと早く書けるようになるにはどうしたらいいか」という相談が必ずあります。ここでいう文章が何を示しているのか。僕はいつも考えてしまうのです。話を進めていく前に、まず文章と文書の違いを確認しておこうと思います。

文章：話し手または書き手の思考や感情がほぼ表現し尽くされている一まとまりの統一ある言語表現で、一つもしくは複数の文から成るもの。

文書：文字で書き記したもの。書き物。かきつけ。書類。

これは『大辞林』（ウェブ版）による語釈です。他の辞書も大体同様の解釈です。こうした語釈によると、議事のまとめや業務連絡、引き継ぎ、広報文、申請書に求められるものは、「文章」はなく「文書」を指しています。文書のほとんどは、書き手の思考や感情を表現するものではないからです。

近年、ＣｈａｔＧＰＴなどの生成ＡＩが一気に広まってきました。まとめ作業や、定形の「文書」を書く作業は、ＡＩがもっとも得意としているところです。これを使えば、それこそ、瞬時にまとめてくれます。

資料を集めることも容易にできます。研究論文や公表されている資料であれば、その条件を入れて検索すれば、確度の高いものが手に入ります。わざわざ図書館に行ったり、ネット上で検索作業をしたりする必要もありません。いわゆる「ググる」必要すらなくなっているのです。ネット検索の有り様にも大きく影響してくるはずです。

生成ＡＩが誕生したことによって、文書についての悩みは、さほど大きいものではなくなってきているのです。今後、精度が高まれば、文書はＡＩが作成する時代が来るかもしれません。

生成AIで文章は簡単に書けてしまう？

ある研修で「初夏について」というお題で、原稿を書いてもらったことがあります。次の例を見てください。

【例1】

初夏は、春の終わりから夏の始まりにかけての季節で、5月から6月初旬に該当します。気温が徐々に上昇し、新緑が鮮やかに茂り始める時期です。梅雨の前で、晴天が続くことが多く、花や新緑の美しさが楽しめます。また、農作物の成長が著しい季節でもあり、田植えや畑の手入れが盛んに行われます。日本各地で様々な伝統行事も開催される時期です。

【例2】

初夏の爽やかな季節がやってきました。気温も程よく、自然が新緑に包まれて美しいこの時期、一緒に行楽に出かけませんか？　晴天が続く今なら、ピクニックやハイキング、自然散策などが楽しめます。美しい風景と心地よい風を感じながら、素敵な時間を過ごしましょう。ぜひ、ご一緒に初夏の魅力を満喫しましょう！

【例3】

初夏は、日本の季節区分では5月から6月初旬を指し、梅雨前の爽やかな時期です。気候は穏やかで、日中の平均気温は20℃前後となります。この時期には、新緑が美しく、山々や公園が鮮やかな緑に包まれます。初夏は「走り梅雨」や「五月晴れ」といった言葉があるように、短い雨期を挟みながらも晴れの日が多いのが特徴です。

植物では、アジサイやカキツバタ、ツツジが見頃を迎えます。また、初夏は農業においても重要な時期で、田植えや麦の収穫が行われます。さらに、夏の食材として人気の高いタケノコや初鰹《はつがつお》が旬を迎えます。風物詩としては、ホタル観賞や茶摘みなどが楽しめます。

歴史的には、江戸時代から初夏に行われる祭りや行事も多く、例えば京都の葵祭《あおいまつり》や東京の三《さん》社祭《じゃまつり》があります。これらの行事は、地域の伝統文化を感じる絶好の機会となっています。初夏の行楽は、心身をリフレッシュするのに最適な季節です。

なかなかうまくまとまっています。例1は初夏全般について、例2は行楽を中心に、例3は初夏についての蘊蓄《うんちく》が加わっています。

実はこの3例は、いずれもＣｈａｔＧＰＴが書いたものです。「初夏について１５０字でまとめてください」と言えば、それに沿う形でつくってくれます。

おもしろいことに、実際に研修に参加してくれた39人のうち9割弱の人が、ＣｈａｔＧＰＴと同様の文章を提出してきたのです。内訳を見てみます。20人（51・28％）が辞書などを参照して、例1のように「初夏」が「旧暦4月」を指すことを指摘していました。「5月5日頃からが初夏である」「バラやツツジが咲く」「新緑が爽やかである」ことを書いたのです。

例2、例3のパターンは、「〇〇へ出かけてみませんか?」「体調管理について」「風水害への注意喚起」など、行楽に誘ったり、広報的視点や蘊蓄を絡めたりしたものです。これを書いた人が39人中14人（35・89％）でした。

初めからＣｈａｔＧＰＴを使って書いていたのか、書いたものがたまたまＣｈａｔＧＰＴと同じようなものになったのかは、わかりません。とはいえ、こうした書き方であ

ChatGPT >

初夏について150字でまとめてください

初夏は、春の終わりから夏の始まりにかけての季節で、5月から6月初旬に該当します。気温が徐々に上昇し、新緑が鮮やかに茂り始める時期です。梅雨の前で、晴天が続くことが多く、花や新緑の美しさが楽しめます。また、農作物の成長が著しい季節でもあり、田植えや畑の手入れが盛んに行われます。日本各地で様々な伝統行事も開催される時期です。

初夏の蘊蓄を

初夏は、日本の季節区分では5月から6月初旬を指し、梅雨前の爽やかな時期です。気候は穏やかで、日中の平均気温は20°C前後となります。この時期には、新緑が美しく、山々や公園が鮮やかな緑に包まれます。初夏は「走り梅雨」や「五月晴れ」といった言葉があるように、短い雨期を挟みながらも晴れの日が多いのが特徴です。

植物では、アジサイやカキツバタ、ツツジが見頃を迎えます。また、初夏は農業においても重要な時期で、田植えや麦の収穫が行われます。さらに、夏の食材として人気の高いタケノコや初鰹が旬を迎えます。風物詩としては、ホタル観賞や茶摘みなどが楽しめます。

歴史的には、江戸時代から初夏に行われる祭りや行事も多く、例えば京都の葵祭や東京の三社祭があります。これらの行事は、地域の伝統文化を感じる絶好の機会となっています。初夏の行楽は、心身をリフレッシュするのに最適な季節です。

行楽に誘う文章にして

初夏の爽やかな季節がやってきました。気温も程よく、自然が新緑に包まれて美しいこの時期、一緒に行楽に出かけませんか？晴天が続く今なら、ピクニックやハイキング、自然散策などが楽しめます。美しい風景と心地よい風を感じながら、素敵な時間を過ごしましょう。ぜひ、ご一緒に初夏の魅力を満喫しましょう！

ありがとう

どういたしまして！また何かお手伝いできることがあれば、いつでもお知らせください。

れば、苦労して書かなくてもＣｈａｔＧＰＴに書かせた方が、ずっと楽だし時短になります。

ここに共通しているのは、「人」が描かれていないことです。初夏という状況についての説明だけなのです。

ところが、実際の体験をもとに書いた人が、39人中5人（12・8％）いました。この5人は、初夏に対するそれぞれの思いが自分のことばで書かれていました。何よりもそこには「人」が描かれていたのです。

また、他の講座では「犬と猫の違い」について書いてもらいました。すると、全員が「犬はワンワン、猫はニャーニャー」「犬はフレンドリー、猫はマイペース」「犬は集団行動型の狩り、猫は単独行動型の狩り」など、その違いを対比させながら書くのです。

そしてその多くは、三つのパターンを踏んで書いているのです。

①書き出し

本文の概要を書いた前書き（リード）ではなく、本題にはいる前に関連のあることをあれこれ述べる前置きを書いているのです。さらに「だろうか」という問いかけや、「考えてみたい」という独り言から始まります。

・皆さんは犬と猫の違いを考えるとき、どんなことを思い浮かべる**だろうか**。

・犬と猫の違いについて、その鳴き声から**考えてみたい**。

② 本文

大体、三つの要素を準備します。この場合は「生物学的な違い」「社会学的な違い」「人との関わり方の違い」を書き、「はじめに」「次に」「さらに」という順序を表す接続詞をそれぞれ使います。

・**はじめに**、犬と猫の大きな違いは、鳴き声だ。犬はワンワンと鳴き、猫はニャーニャーと鳴く。

・**次に**、犬と猫の行動の違いを見ていきたい。犬は集団生活を好む、猫は単独生活を好む。

・**さらに**、犬は飼い主に従順、猫は気まぐれであり、犬は芸をするが猫はしないなどその行動やコミュニケーションの取り方との違いにも現れる。

③　まとめ

収まりのいい感じに整える。本文を受けて「このように」「以上のように」という接続詞でまとめる。

・**このように**、同じ愛玩動物として長い歴史を持つ犬と猫ではあるが、違いがあるのである。

・**以上のように**、犬と猫の特徴が飼い主の好みに反映されるのである。

こうしたパターンに少しずつ肉付けをして、字数を満たしていくのです。「犬と猫の違い」をＣｈａｔＧＰＴに書いてもらうと次のようになります。

犬と猫は共に人気のペットですが、その違いは複数の側面にわたります。
まず、**性格面では**、犬は忠実で社交的な傾向があり、飼い主との絆《きずな》を重視します。一方で、猫は独立心が強く、気ままな性格が特徴で、自分のペースを大切にします。

外見的には、犬は種により様々なサイズや毛色があり、個々の種に特有の特徴が見られます。対照的に、猫は一般的に小型で、しばしば柔らかい被毛と優雅な動きが特徴です。

飼育においても異なる点が見られ、犬は散歩や運動が必要であり、訓練も一般的です。一方で、猫は比較的独立しており、狩猟本能が強いため、独自のエンターテインメントを見つけることが多いです。

これらの違いから、飼い主のライフスタイルや好みによって、犬派か猫派かが選ばれることがあります。

①〜③のパターンを踏んだ書き方になっています。「犬と猫は共に人気のペットですが……」で始まる前置きがあります。これは、本文を要約する前書き（リード）ではありません。そして、「まず」で始まる本文は「性格」「外見」「飼育」の三つ要素で書かれています。そして「これらの違いから」という形でまとめに入っています。

ところが、特筆される内容はほとんどありません。発見や驚きのない文章です。人が書いてもＣｈａｔＧＰＴが書いても変わりはありません。

「初夏」についても「犬と猫の違い」についても、人が書いたパターンをなぞるようにＣｈａｔＧＰＴが書いていることがわかります。これは、ＣｈａｔＧＰＴが悪いわけではありません。今後さらに精度をあげてくることだと思います。ただ、ＡＩがネット上の文章を分析して書いている以上、人が書くパターンに似るのは当然です。そこに書かれている文章は、僕たちが書いたものの映し鏡だからです。

ところが、「初夏」について自分の経験を元に書いた5人の文章は、ＡＩには書けないのです。今の段階では、ＡＩは僕たちの経験や思いに立ち入るすべがないからです。つまり、ＡＩ時代の文章は、自らの経験を元に書かなければ、ＡＩに敵わないということになります。

文章を書いているはずが文書になっている

ＣｈａｔＧＰＴは、指示を出せば、バリエーションごとに書き分けてくれます。また、紙幅の限られたなかで、議事録をまとめることも容易にこなしてくれます。

これを踏まえて、文章と文書の違いをもう一度考えたいのです。

研修で書いてもらったものとＡＩが書いたものを「文章」と表現しましたが、そこには思考・感情が描かれていません。そこには「人」が描かれていないのです。つまり、これは文章ではなく、文書なのです。

文章を書いているはずが、文書になっているのです。文章は「書き手の思考や感情」を表現するものです。まさに、井上ひさしの言う「自分にしか書けないこと」を書くことなのです。ところが、文章が書けないと悩む人の多くはここが書けないのです。ＡＩは、僕たち個々の思考や感情を理解することができません。ＡＩが書いたものは、あくまでもネット上にあることばや文章をもとに組み立てたものです。そこに僕たち個人の思考や感情があるはずがありません。つまり、「人」は描けないのです。

もっとも、細田守監督の『竜とそばかすの姫』のように、仮想世界〈Ｕ〉につながる際に生体情報がサーバーとリンクできるようになったり、スタンリー・キューブリック監督の『２００１年宇宙の旅』に出てくるコンピューター「ＨＡＬ」のように人格を持ったりすれば、「人」を描くことは可能かもしれません。しかしそれは、今のところＳＦの世界にとどまっています。それが現実になったときは、人間が機械と戦うジェームズ・キャメロン監督の『ターミネーター』の世界が待っている気がします。

「好きなことを書けばいい」ってどういうこと?

では、「思考や感情」を表現する文章は、僕たちにとって必要なのか、という問題にぶつかります。そうした文章を誰に向けて、何のために書くのか。なかなか難しいテーマを抱えることになります。そこで、僕自身の経験に触れつつ、「何のために書くのか」についてもう少し考えていこうと思います。

自己表現をしたいと思いながら、文章が書けないと悩む人がいます。そうした人たちは、内面からあふれ出る思いや、伝えたい何かが、なかなか見つけられません。また、それをどういうふうに文章に落とし込めばいいのかがわからないのです。実は、僕も子どものころはそうでした。昔から文章を書くことが得意だったわけでも好きだったわけでもありません。

小学2、3年のころだったか、作文の授業で「雨」という題が出されました。折しも外はしのつく雨。校庭のあちこちに茶色い水たまりができていました。僕はその景色を眺めながら、雨、雨、雨……と考えを巡らせます。が、何も出てきません。やがて降る雨とシンクロするように、頭の中に乳白色の靄《もや》がかかってしまい、雨を見つめる目も鉛筆を握った手も固まってしまったのです。

「好きなことを書けばいい」。僕の様子を見かねた先生が僕に声を掛けてきました。「好きなこと？」「そう、長靴をはいて水たまりをチャプチャプするとか、楽しいことがあるでしょ」。雨が降って楽しい？ 僕にとって、雨は憂鬱なものです。濡《ぬ》れるし、冷たいし、長靴は歩きにくい。それなのに「好きなこと」「楽しいこと」を書けばいい、と先生は言うのです。

それは「憂鬱な雨」とは、どうしても結び付かない感覚でした。もっとも、その憂鬱をどう表現していいのかもわかりません。僕はますます混乱しました。作文の時間こそが憂鬱の原因になっていったのです。

小４の夏休みに読書感想文として『名犬ラッシー』について書いたことがあります。僕は犬が大好きだったのです。それを読んだ母は、課題図書ではないからと言って『アンクル・トムの小屋』を僕に渡したのです。黒人奴隷の話です。奴隷制度の歴史的背景も知らず、人を売り買いすることも理解できない。読むのが苦痛で、ただ息苦しさだけが残りました。ラッシーからは希望をもらえたけれど、トムからは深い絶望を与えられました。

どんな内容の感想文を書いたのか、まったく覚えていません。「この感想文は人に読まれたくない」と思ったことだけは、鮮明に覚えています。ところが、これがあるコンクールで賞を取ってしまったのです。先生も親も喜んでいました。しかし、僕はまったく嬉《うれ》しいとは思いませんでした。気の進まない本を読まされて、気の進まない感想文を書いたものが評価されるなんて、とてつもない間違いをしてしまったような気になったのです。だから、受賞をきっかけに作文を書くことが好きになった、という展開にはなりませんでした。

文章を書くということは自発的な行為であるはずなのに、先生や学校が書かせたいことと、僕が書きたいことがまったく重ならない。「雨」について書けと言われても、何をどう書いていいのかわからない。僕にとっては憂鬱なだけ。楽しいことなんてないのです。一方、楽しく読んだ本の感想文は、課題図書ではないという理由ではじかれます。

作文は苦痛でしかありませんでした。

先生にとっては、生徒に文章を書かせることが目的であって、文章の書き方を教えることは課題ではなかったのかもしれません。だから作文にハナマルを付けたり、誤字を指摘するばかりで、どう書けばいいのか、どうすれば書けるようになるのかといった技術は教えてくれない。ましてや、どうすればわかりやすい文章になるのか、ということは個人に任されているのです。

ピアノはバイエルのような練習曲から始めます。練習曲は退屈で嫌だったけれど、少しずつ上達を実感します。バレエだって、野球だって、サッカーだって、将棋だって同じです。教えてくれるプロがいて、成果をわずかながら実感できるから、その次を目指せるのです。ところが文章については、そういう練習の場がありません。

文章の上手下手は読書量に比例するという経験値で語られることも少なくありません。だから「本をたくさん読め」と言われます。あながち間違いではないとしても、個人の経験値に頼り過ぎるような気がします。そこには母国語を読んで話せれば、母国語で文章が書けるはずだという無意識の誤解が根底にあるような気がしてなりません。

現代では、文章を書くという積極的なモチベーションを見いだしにくいのです。ラブレターはおろか、年賀状すら書いたことがない人が増えています。映像などの方が感覚的に理解されやすいし、さまざまなメディアに載せやすい。文章を書くことは、次第にうとまれていくのでしょうか。

書くことは文通から始まった

中学3年の時に大阪から転校生が来ました。1、2カ月して馴染《なじ》んできたころ「大阪の女友達から文通相手を探してって言われたから、紹介しといたよ」と、突然、その転校生から通告されました。「なんだよ、それ。やだよ。受験勉強もあるし、面倒くさい」「いいでしょ。住所教えといたからね」

えー、こっちの承諾もなしに、そりゃないだろう。いろいろと抗弁したのですが、「もう住所を教えちゃったから」と有無を言わせず押し切られてしまいました。もっとも返事を出さなければいいのだし、気にすることはない。僕にも通信の自由はある、と文通なんて断固拒否するつもりでした。

ところが振り返ってみると、これが文章を書く大きなきっかけになっていたのです。スマホがない時代でした。家には固定電話があったけれど、たいてい玄関かリビングの一角にあって、電話をしていると家族が聞き耳をたてる。女子の家に電話するときは、緊張以外のなにものでもありません。当時は連絡網があって、学校からの連絡をするときに使っていました。ところが、お父さんが出ようものなら「何の用事だ」なんて、不機嫌な声で対応されます。

少し長話になると「早くお風呂に入りなさい」とか、これみよがしの大きな声が飛んできます。当時は、プライバシーということばがほとんど機能しなかった時代です。家の電話ほど不自由な道具はありませんでした。

その点、手紙はよほどのことがない限り、勝手に開封されることはありませんでした。たとえ子どもが書いたものであっても、手紙に対しては特別な敬意が含まれていたように思います。手紙の場合、個人の意思を邪険にされることはありませんでした。男子同士でも手紙のやり取りは普通のことでした。大学の友人からは、入社試験前に応援の分厚い手紙をもらい、そこに書いてあったことが、論文試験のヒントになったりもしました。高校時代の友人が就職し、初任地に赴任したときも他愛のない話を手紙にしたためていました。

しばらくして、大阪から手紙が届きました。封をあけることもなく、1週間ほどそのままにしていました。しかし、封書に書かれた字がとても丁寧で綺麗《きれい》で、次第に申し訳ないような気になっていきました。

手書きの文字は、下手は下手なりに味わいがあるし、一生懸命便箋《びんせん》に向かった姿がにじみます。それを軽んずることが許されない力が宿っているのです。その力に押されて、ようやく手紙を読みました。自己紹介が書かれていただけで、驚くような内容があったわけではありません。ところが、すぐに返事が書けませんでした。何を書けばいいのかわからなかったからです。「写真を撮るのが趣味で、写真部に入っています」というようなことを下手くそな字で書いたような気がします。手紙が来てから返事を書くまでに1カ月はかかりました。大阪からは、1週間に1回くらいのペースで返事が届きます。筆まめな人だったのです。僕は1カ月に1回書けるかどうかでした。

必要なのはアウトプットだった

翌年、高校の受験に失敗し、まったくやる気をなくした僕は一切の勉強を放棄しました。手紙を書くこともありませんでした。かつてのペースは落ちたものの、大阪からは月に1、2回は手紙が届きました。高校2年を迎える頃、「なぜ、書かないのだ」と痛烈に僕を非難する手紙が届きました。1年ほどほったらかしにしていたからです。そのときの僕は、家族ともほとんど口を利かず、斜に構えて友達もほとんどつくらず、辛うじて学校には行くものの引き籠もったようになっていました。

ところが、「なぜ、書かないのだ」という手紙のことばが、「なぜ、書かなくてはならないのか」という逆向きの疑問となって、僕の頭の中をぐるぐる回り始めました。高校受験に失敗して、僕は何を失ったのだろう。いや、そもそも失うべきものがあったのか。とりあえず息はしている、ご飯も食べている、寝てそして目が覚める。それでも、ことばにならない喪失感が覆いかぶさり、うまく息が吸えないのです。

僕は、ぽっかり空いた穴を埋めるために、ひたすら本を渉猟し、大音量でロックを聴いていました。空いた穴は、何かを取り込んで埋めなくてはならない。ひたすら内に内

に と入り込んでいきました。

言うなれば、精神的過呼吸。何かを取り込もうともがいて、息を吸うことばかりに意識を向かわせていたのです。そして、息を吐くことを忘れていました。それこそが息苦しさの原因だったのです。

「なぜ、書かないのだ」ということばは、「なぜ、吐き出さないのか」「ちゃんと呼吸をして、過呼吸から脱せよ」というサインのように思えました。必要なのはインプットではなくアウトプットではないのか、と。

B5版のノートに向かい、ペンを動かしました。書き出したら止まらなかったのです。日記にもならない支離滅裂な内容。そもそも内容なんてありません。それでもただ、書いていました。夜を徹して、ノート1冊を埋め尽くしました。

スッキリしたわけではありません。ますます混沌《こんとん》の嵐が吹き荒れてきました。そんな乱暴な文章は、そのままゴミ箱に捨てるべきものです。でも、なぜか僕はそれを大阪に送ったのです。もちろん、返事を期待することもありませんでした。

それから数週間後、手紙が届きました。「よかった。ありがとう」とひと言。

さすがにそれ以降、こうした文章を送ることはありませんでした。それでも、僕はひたすらノートに書き続けました。

自分自身の「時」を記す

文章には、自分という存在がにじみます。自分の存在は、過去から未来に流れる瞬間瞬間に積み重ねられた「時」によって形づくられます。人生観や思考はその「時」に大きく依っています。つまり、文章は自分自身の「時」を記すことでもあるのです。「時」を記すことは、自分自身の存在意義を明らかにする行為でもあります。それは、いつでも自分に立ち返ることができる「場」をつくることにもなりました。しんどい作業かもしれないけれど、自分自身への救いでもあります。

僕は新聞社に勤めていたので、「ジャーナリスト」とか「ジャーナリズム」とかいうことばを、よく耳にしていました。この名称は「記者」ということばに比べて、少々大仰なイメージがあるので気恥ずかしい気もします。僕は校閲という部署にいたので、ジャーナリストや記者という名称は、自分からはややかけ離れたイメージを持っていました。

しかし、ジャーナル（journal）には「日記」「日誌」という意味があります。つまり、日々の出来事を記録して、蓄積されたデータを基に時代の変化を読み取る人を、ジャーナリスト（journalist）と呼ぶのです。そして、ジャーナリストは中立を重んじなければならないという不文律があります。人種・宗教・人権などで偏向報道・憶測に基づく報道をしてはならない、という報道倫理に依《よ》っています。客観報道ということばも、これに近い文脈で語られることが多い。

記事や文章を書くときに、完全に中立でいられるようには思えません。Aという意見に対して、Bという反対意見（カウンターオピニオン）を並べて載せることは、バランスを取る意味はあるにせよ、それで中立を担保したことにはならないと考えます。

むしろ、日々書かれたものの蓄積にこそ、客観や中立を判断する材料があるように思います。株価にたとえれば、株価が一時下がったとしても、移動平均線が右肩上がりなら、株価は上昇していると考えられます。記事を書いてデータを蓄積することは、長期的な判断をするために、移動平均線を引く作業でもあるのです。

書かれたものは、少なからず書いた人のバイアスがかかります。文章に完全な客観と中立を求めること自体、無理があることだと思っています。だから、記者は自分の意見を代弁してくれる専門家のことばを使って記事を構成することが多い。新聞をよく見ると記事の最後を、「○○は「……」と語った」「○○は言う「……」」という形で締めくくる手法が一つのパターンとなっています。僕もそうした手法で記事を書いたことがあります。記者本人の主張を、権威のことばを借りて示すことができ、文体としても収まりがいいからです。

しかし、面白いもので、同じ時間・同じ場所にいたとしても、そこにいた人の記憶はそれぞれ違います。付き合っていた彼女との別れ話の記憶でさえ、双方の言い分は食い違います。別れ話をした場所、時間、どんなことばを言われ、どんなことばを告げたかなど、ここまで異なるものかと思うほど記憶の接点は、ずれているものです。

この場合、唯一客観的に言えるのは「付き合っていた二人が別れた」という状況だけです。自分の身に降り掛かった事実でさえ、これを客観的に表現することなんてできません。

「だから」なのか「でも」なのか、その時の気持ちを記しておくことが重要だと思うのです。自分の正当性を主張するためではなく、その時その時の、気持ちのゆらぎを記しておくのです。他人に読ませることを前提にする必要もありません。だから日記でいい。これが難しければ、メモでいい。

時を経ていくと考え方も変わります。変わるということは、成長の証です。こんなことを言うと「あまりに楽観的でお気楽だ」と言われるかもしれません。もちろん、深い怒りや悲しみは、時とともに和らぐということはなく、ただ意識の底に沈潜していくだけなのかもしれません。

それでも、時とともに怒りや悲しみのグレードは、変化しないということも含めて変化します。和らぐにせよ、増幅するにせよ、経年の変化を知ることはその状況を比較できます。もちろん、楽しいことだって同じです。その時楽しいと思っていたことも、時とともに変化します。それは、自分自身を「客観的」に見るという作業にほかなりません。

時の力を借りて、自らの「芯」を明らかにする

ジャーナリストは「日々の出来事を記録して蓄積して、そこから時代の変化を読み取る人」だと前述しました。個人的な文章もその思いを記録し続ければ、時間の経過によって余分なものが削《そ》ぎ落とされ「芯」が立ち現れます。それを客観的に見て、長期的な判断をすることが、「時」を記す意義です。

思春期の僕が、両親に対して「うるせーな」と言い放った、たったひと言の後ろ側には、たくさんの積み重なった思いがありました。ところが、その後ろ側に潜むことばをうまく表現できないのです。その思いを書きなぐることで、何とか均衡を保っていました。振り返れば、他愛のないことのように思えます。それでも、そのときは必死に「デペイズマン（ここではないどこか）」を探し求めていたのです。

僕たちが抱える悩みは、考えることによって課題になります。課題であれば、解決方法を考えることができます。何をどう考えるか。その内面の軌跡は、やがて「教養」となり文章の中に反映します。なぜなら「答えを求めて考え続けることこそが教養」だからです。ハウツー本に頼って得た知識は、技術ではあるが教養ではありません。考えず

に答えを得ることはできないからです。「文章には、自分という存在がにじむ」と書いた部分は、「文章には、教養がにじむ」と言い換えてもいいのかもしれません。

文章を書くということは、「思考の軌跡」を記すことだと、僕は信じているのです。そして、僕が文章を書き、人に文章を書くことを勧めるのには、こんな思いがあるからなのです。

思考の軌跡＝ストーリーを書く

「思考の軌跡」こそが、ストーリーです。

米大リーグで活躍した野茂英雄選手や、現在、快進撃を続けている大谷翔平選手に多くの人が心引かれるのは、成績という目に見えるWHATもさることながら、彼らがそこを目指してきたWHYに惹《ひ》かれるからです。「すごい！」という称賛のことばの裏側にある彼らのストーリーに共感するからです。

思考や感情は、人に紐《ひも》付くストーリーです。AIが書くような「文書」には、「状況」は書かれていますが、「行動」や「変化」は描かれていません。情報は読み手を変化させる記号です。情報になっていない文字列を読んでも、読み手に影響を与えることがありません。つまり文書は単なる文字列でしかないのです。

確かに、文章を書かなくても生きていけます。

しかし、誰にでもその人にしか持ち得ないストーリーがあります。そのストーリーは、「自分にしか書けない」唯一のものなのです。

文章は、文字列ではなくストーリーを書くための手段です。ストーリーが、読み手に映像としての臨場感を与え、疑似体験を呼び起こします。ストーリーには「人」が介在します。

ＡＩの時代だからこそ、人のストーリーが人を動かします。

だから、僕は文章の力を信じているのです。

おわりに

インターネット上に書く文章は、とかくSEO対策（いかに検索されやすいか）が優先されます。それに見合ったプロットや文章をAIに委ね、それを修正して短時間で大量の文章をつくる手法が主流になっています。

それを、AIの検索エンジンが読み取って、検索順位が決まります。そのため、AIにどういうキーワードを組み合わせて入れれば、それに見合った文章を得られるかが、AIで文章を書く際のポイントになっています。AIが書いたものをAIが判断する。どうにも、AIのマッチポンプ的な様相が気になります。

僕が主宰するライティングセミナー「マジ文アカデミー」には、こうした状況に疑問を持った人たちが集まっています。中小企業コンサルタント、医療関係者の転職支援、広報、マインドフルネス、ウェブライター、小説家志望、料理店のプロデューサーなど、さまざまな経歴を持つ受講生に共通しているのは、「自らの考えを自らのことばで伝えたい」という思いです。じつは、これこそが昨今言われる「言語化」です。

「文章は具体的に書くことが肝要」とはいうものの、文章は事柄を抽象化していく作業です。何よりも、「自分の考え」や「自分のことば」ほど抽象的なものはありません。読み手は、抽象化された文章を自らの経験などを元に、具体に引き付けて理解します。つまり、抽象と具体の間を自由に行き来する媒体が文章です。この自由な行き来が、ことばの感覚を磨いてくれます。

意識する、しないに関わらず、あらゆる作業のベースには、文章が必要です。文章は文章を書くことが目的ではありません。文章はどこまでも文字を通して伝える道具として機能します。自分の伝えたいことをことばに落とし、それを紡いで文をつくり、文章に組み立てる。この一連の流れを通して、自らに向き合い考えをまとめる。これが、文章のあり方だろうと思っています。本書が、この時代の文章を考えるよすがになれば、これほど嬉《うれ》しいことはありません。

＊

第五章「文章の構造を理解する」の例3と例5は、僕が主宰する「マジ文アカデミー」の受講生・下川譲さん、汐月聡子さんの作品を使わせていただきました。2週間に1回、テーマごとに綴《つづ》られる課題は、自らと向き合う言語化の訓練です。回を重ね、書き換えるごとに作品は、研ぎ澄まされことばに力を付けてきたお二人です。作品の採用に快く応じてくださったことに、深く感謝申し上げます。

また、筑摩書房ちくまプリマー新書の編集者・方便凌さんには、大変お世話になりました。この場を借りてお礼申し上げます。

2025年春

文筆家／文章コンサルタント　前田安正

chikuma primer shinsho

ちくまプリマー新書485

AIに書《か》けない文章《ぶんしょう》を書《か》く

二〇二五年三月十日　初版第一刷発行

著者　前田安正（まえだ・やすまさ）

装幀　クラフト・エヴィング商會

発行者　増田健史

発行所　株式会社筑摩書房
東京都台東区蔵前二ｰ五ｰ三　〒一一一ｰ八七五五
電話番号　〇三ｰ五六八七ｰ二六〇一（代表）

印刷・製本　株式会社精興社

ISBN978-4-480-68517-9 C0281　Printed in Japan